中国式
人生智慧
图解书系

中国式
人生智慧
图解书系

王春永 主编

说话决定命运

盘点纵横家说服力的秘密

Be careful of your words, for your words become your destiny

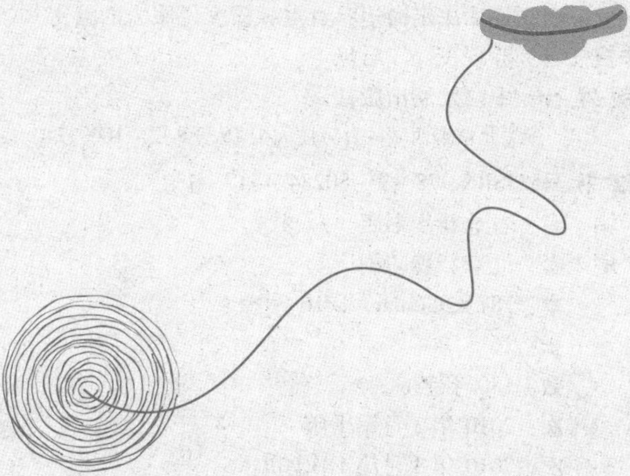

苏现民 汪君艳 著 徐峰漓 图

中国发展出版社

图书在版编目（CIP）数据

说话决定命运：盘点纵横家说服力的秘密/苏现民，汪君艳著. —北京：中国发展出版社，2010.3
（中国式人生智慧图解书系）
ISBN 978-7-80234-517-1

Ⅰ.说… Ⅱ.①苏… ②汪… Ⅲ.纵横家—语言艺术—研究 Ⅳ.①B228.05 ②H019

中国版本图书馆CIP数据核字（2010）第013252号

书　　名：说话决定命运：盘点纵横家说服力的秘密
著作责任者：苏现民　汪君艳
出版发行：中国发展出版社
（北京市西城区百万庄大街16号8层　100037）
标准书号：ISBN 978-7-80234-517-1
经　销　者：各地新华书店
印　刷　者：北京新魏印刷厂
开　　本：787×980mm　1/16
印　　张：16
字　　数：180千字
版　　次：2010年3月第1版
印　　次：2010年3月第1次印刷
印　　数：1—6000册
定　　价：29.00元

咨询电话：（010）68990642　68990692
购书热线：（010）68990682　68990686
网　　址：http://www.develpress.com.cn
电子邮件：fazhanreader@163.com
fazhan02@drc.gov.cn

前言
成为现代纵横家

在春秋战国时期，有这样一群人。他们文不能写诗作赋，武不能扛枪打仗，手不动肩不摇，却不仅能为自己赢得无上的荣华富贵与权力，还能对国际关系产生巨大影响。

他们无所不出，无所不入，把大国诸侯当做棋子一般自由拨弄于股掌间，左右国与国之间是血战不休还是握手言和。其中，一策而转危为安，一语而巧退千军，一计而平定战乱，数语而安抚邦交的例子是很多的。有人甚至夸张地形容，他们一生气可以让所有的诸侯国主腿打哆嗦，而他们不出门就可以让天下太平。

这群人，就是历史上赫赫有名的纵横家。而他们所运用的武器再简单不过，那就是自己的三寸不烂之舌。

我们所生活的时代，比以往任何时候都更像战国时期，只不过现在以策略和语言为武器，把刀光剑影的战场摆在了谈判桌上。因此，我们比任何前人都更需要谋算策划和谈判说服。

从个人的角度来说，策略和语言不仅是我们拓展关系、赢得发展空间的最佳武器，更是安身立命须臾不可缺少的基本技能。根本的原因在于，今天的社会节奏，已经不允许用几年、十几年的时间去展现自我。在三言两语间成功地推销自己和说服对手，比用事实说话的古训更加现实。

正因如此，学习纵横家的游说技巧和策略，也就有了更特殊的意义。事实上，纵横家所运用的很多策略，都是可以直接为我们所用的。

举例来说，纵横家讲捭阖和量权，说白了就是在沟通当中，如果你想用某种意见说服对方，就要先听取对方的意见，以便知道他的立场和喜恶，然后采取适当的说服方式。

由于人经常会抗拒与自己不同的意见，所以纵横家又提出“内揵”的策略，就是首先与不同意见者站在同一立场看问题，得到他的信任，使他不会像刺猬一样随时缩紧自己进行抗拒，进而进行深入地沟通。如果对方仍然不相信你的立场，就要积极地倾听并赞赏他说的话，使他觉得你的认同并非是虚伪的，这就是纵横家们常用的“飞钳”。

至于留意对方的表情、动作，观察对方的每一个反应，更是纵横术中最基本的“揣情”和“摩意”。只有通过这两种方法，我们才能从知人知面，进入知心的境界，才能真正地沟通成功。

通过观摩、演练历史上纵横家们的思想、策略和游说技巧，从而成为一个三言两语就可令所有人信服的现代纵横家，其好处是不可低估的。而本书的目的和价值，也正在于此。

作 者

2010年1月

目录

上卷　纵横家ABC

壹 历史演变
从合纵连横到游士之风

贰 实用精神
智慧重于道德

叁 策略特点
直击人性的弱点

下卷　纵横策略

壹 揣摩
纵横术的心修课

贰 量权
清晰地判断形势

伍 抵巇
乘虚而入拿下对手

陆 利导
建立联盟的游说模式

柒 势禁
瓦解联盟的游说模式

捌 鼓刀扬声
推销自己的妙法

● 历史演变：从合纵连横到游士之风

● 实用精神：智慧重于道德

● 策略特点：直击人性的弱点

上卷

纵横家ABC

壹

历史演变

从合纵连横到游士之风

1 鬼谷子是外星人吗

纵横家发明的见形为容、象体为貌、闻声和音、解仇斗隙、缀去却语、摄心守义等，无不需要精心的思虑、卓越的智慧。

所谓纵横家，也就是从事合纵和连横活动的人。韩非子说，“纵者，合众弱以攻强者也；横者，事一强以攻众弱也”，即联合弱小的国家抵御强国的进攻则为合纵，而依附一个强国去进攻其他弱小的国家则为连横。

后人以黄帝、姜太公和孔门的子贡为纵横家的先驱，并以鬼谷子为其鼻祖。

在古代名人中，鬼谷子算得上最为神秘莫测的一个。因为很少有人知道他的身世来历，只知道他是隐居在一个叫鬼谷地方的隐士，创作了《鬼谷子》一书，对心理学、口才学、决策学和预测学等方面进行论述，成为纵横家们的“圣经”。早在战国时，就有人说他是“北辰”的一颗星，后世又附会了许多怪异传说，把他变成了“洞府神仙”。

战国时期，诸侯争霸，狼烟四起，齐、楚、燕、韩、赵、魏、秦七雄之间关系错综复杂，军事、外交的斗争尤为突出，而纵横家们就是当时各国的外交官，以口舌之利周旋于诸侯之间。他们各有一套说服别人的口才模式，直到今天仍值得我们借鉴。

可以说，纵横家是最注重思维敏捷的了。《鬼谷子·权》指出，“听贵聪，智贵明，辞贵奇”，也就是说，不仅要听、智、辞，更要达到聪、明、奇的程度，因为心、口、耳、目是了解外界的主要器官，在游说和外交活动中相当重要。

在古代名人中，鬼谷子算得上最为神秘莫测的一个。

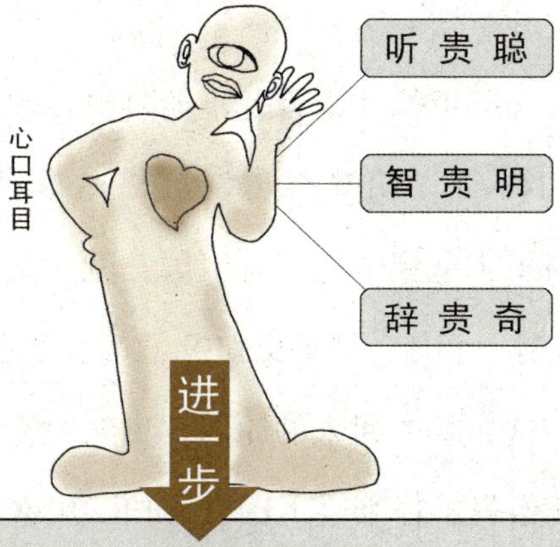

见形为容	看见别人的外在表现，就去体会他的内心
象体为貌	模仿别人的形体，就去感受别人可能出现的外在表现
闻声知音	听见别人说话，就去应和他内心的节奏
解仇斗隙	化解仇恨，挑起争斗
缀去却语	离开以后，可以用语言或行动让别人记住你
摄心守义	用符合规律的东西抓住别人的思维

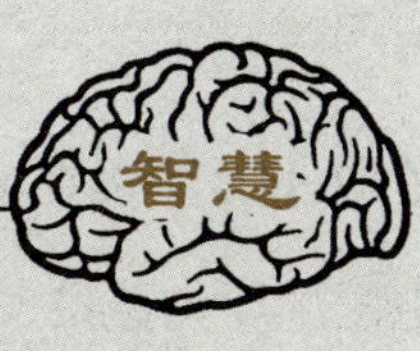

加强在智慧上的锻炼，以达到《鬼谷子·抵巇》中所说的程度，“事之危也，圣人知之，独保其身；因化说事，通达计谋，以识细微”，即能够以小知大，通达计谋，具有准确的判断。为此，

纵横家们针对性地发明的见形为容、象体为貌、闻声知音、解仇斗隙、缀去却语、摄心守义等，无不需要精心的思虑、卓越的智慧。

那么，纵横家都是些什么人呢？《汉书·艺文志》中有一句话可以作为它的概括："纵横家者流，盖出于行人之官。"也就是说，纵横家最初是由"行人之官"发展而来的。"行人之官"在周朝时就已经出现，并有"大行人"和"小行人"之分，前者掌管周王朝的一切外事活动，接应诸侯及边远部落来朝见，并负责督教各邦交国的外交礼仪，是王朝外事礼仪的总负责人；后者执掌具体的接待事务。

春秋时期，"行人"更像外交官，不但负责接待迎送，而且还要出使他国，优秀的行人都"明辩说，善辞令"，是国家重臣。

晋国的执政赵简子（赵鞅）想攻打卫国，就先派史黯去探察虚实。他们本来约定为期一个月，结果史黯过了六个月才回来。

赵简子追问史黯这么晚才回来的原因，史黯回答道："想求利却受害，往往因为观察得不仔细。卫国有蘧伯玉当宰相，又有孔子做宾客，有子贡在国君面前当差，卫国有很多人才，怎么可以攻打呢？"

在这里，子贡在卫国所当的差，可能就是"行人"。晋国想要侵犯卫国，要先掂量一下它的分量。

2 巨蟹座的战国群星

从星座学的角度来说，知大局，善揣摩，通辩辞，会机变，全智勇，长谋略，能决断，都是巨蟹座的特点。

纵横家知大局，善揣摩，通辩辞，会机变，全智勇，长谋略，能决断，最重要的是表现欲望极强。有人研究说，从星座学的角度来说，这些都是巨蟹座的特点。当然，这些是真是假已经无从考证，如果属实的话，那么一群巨蟹座的群星左右战国时局，也确实蔚为大观了。

战国时期纵横家的发展，具体可分为三个阶段。

第一阶段，战国七雄确立的初期，各国尚未稳固，大都忙于巩固内政，而无力外战，兼并战争的规模还不太大。这一阶段的特点是，众多的弱国联合起来抗拒一个强国，即以合纵运动为主，类似于苏联解体后世界各国面对美国一个超级大国时的局面。

公孙衍和张仪是这一时期的风云人物。公孙衍是合纵说的始倡者，公元前324年，他首先发起魏、韩、赵、燕、中山五国“相王”（互尊为王），组成了第一次联合抗秦的统一战线，而后又于公元前318年再次发起魏、赵、韩、燕、楚五国合纵，以楚为纵长，向秦发动进攻。在公孙衍合纵的同时，张仪到了魏国进行连横活动，策动魏国倒向秦、韩而攻齐、楚。

合纵连横活动不断发展，成为当时影响最大而又针锋相对的两种策略。

第二阶段，大国之间的兼并战争日愈激烈，纵横家影响也更为重要。

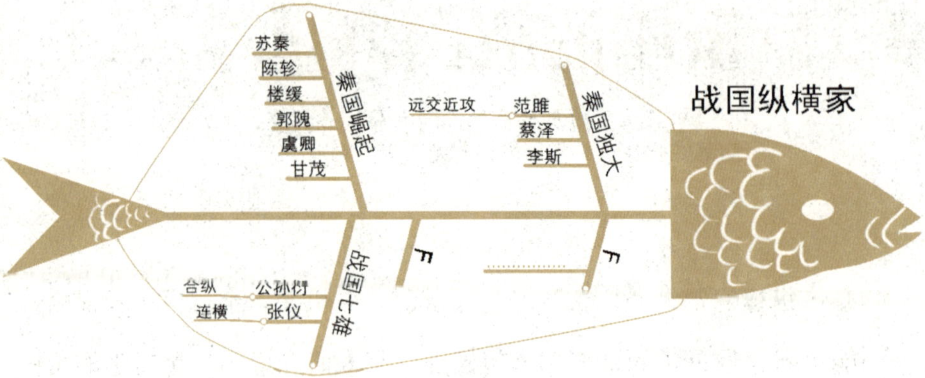

纵横家知大局，善揣摩，通辩辞，会机变，全智勇，长谋略，能决断，表现欲望极强，这些都是巨蟹座的特点。

战国中后期，秦国经过商鞅变法，国力日益强盛，不再甘心居于一隅之地，遂把侵略的矛头指向东方；马陵之战后，齐国代替魏国成了中原地区的霸主。这时形成了东以齐为核心、西以秦为核心的两大政治集团对峙的局面，合纵连横的盟主在齐、秦之间变换，双方都企图通过合纵连横运动有效地遏制对方的兼并战争，阻止对方的过分强大。

处在东西二强夹击下的韩、赵、魏三国为了图谋自存，联合起来并且北连燕、南接楚，东抗齐或西抗秦，就是“合众弱以攻一强”；如果弱国被齐国或秦国拉拢联合，进攻其他弱国，就是“事一强以攻众弱”。

此时是整个纵横家发展历史中的第一个高潮，其标志有二：

一是产生了众多的纵横家代表人物，如苏秦、陈轸、楼缓、郭隗、虞卿、甘茂等人；二是纵横家的行为模式基本形成，而其思想与文化的内容也发展成熟，终于确立起独具特色的纵横家思想及学术流派。

第三阶段，兼并战争已经接近尾声，秦国取得了对东方六国的绝对优势，合纵连横政策也就包含了新的含义：东方六国并力抗秦，称为合纵；秦国联合东方某一弱国对付其他弱国，称为连横。

这一时期，秦国由于成功地实行了纵横家范雎提出的“远交近攻”为特点的新的连横政策，经过长期的政治和外交攻势，发展成为最大的强国。这个阶段纵横家发展的特点是以秦国纵横家的连横运动为主，代表人物是范雎、蔡泽与早期的李斯。

公元前221年，秦始皇统一中国，把中国历史推入了统一的中央集权时代，纵横家失去了生存发展的直接基础。秦始皇焚书坑儒，纵横家与其他学派一样，一时间光芒顿失，不过仍然学有传人。

3 纵横家的吉光片羽

蒯通等人虽然都有纵横家的辩才和智慧，但是“推恩令”、“土崩瓦解”、“穷兵之祸”等战略思维和话语模式，都已向着儒家靠拢了。

秦末汉初的不稳定局面，为纵横家提供了再展雄风的机遇，战国的养士之风、游说之举和长短纵横之术东山再起，一批专务韬略智谋的新时期纵横家，以及专门研究长短纵横之术的著作，如雨后春笋般地出现了。

比如，西汉刘向编定的《战国策》就是影响深远的一部纵横家宝典，它由鲜明的人物和生动的事件组成，是实践《鬼谷子》的案例宝库。《汉书·艺文志》的“纵横家”中还录有西汉蒯通、邹阳、主父偃、徐乐等人的书。可见，西汉前期纵横家之风犹有存者，但比起战国时期的纵横家，有很大的不同。

由于历史环境的变化，汉代纵横家的主要活动，先是辅佐刘邦消灭秦朝，击败项羽而建立西汉王朝，后是或为封王出谋划策，奔走联络，或辅佐中央政府消灭割据隐患和削藩。主要代表人物有陈平、张良、蒯通、郦食其、陆贾、伍被、枚乘、主父偃、羊胜、公孙诡、严助、徐乐、曹王生、邹阳等。

其中，以蒯通、邹阳等人的游说最为著名。根据《汉书·艺文志》的记载，蒯通学说的倾向和专长，就是战国时期纵横家的权变之说。这一点除了从他的学说判断外，还可以从他在楚汉相争时期的游说活动得到证明。

蒯通，本名蒯彻，因为避汉武帝之违而改为通。秦二世元年八

第一次，楚汉相争初期，说服范阳令徐公和武信君并促使后者接受前者的投降，保全范阳城池。

第二次，楚汉相争的僵持时期，他劝韩信不计郦食其的安全，袭击齐国，建立功勋。

第三次，楚汉相争的关键时期，他劝韩信背汉自立。

第四次，在汉政权已经建立的情况下，蒯通荐达隐居山中的齐处士东郭先生和梁石君。

西汉时，纵横家的余韵犹在

月，陈涉北上扫荡赵地。他立刻以三寸不烂之舌，游说范阳县令徐公降赵王武臣，又说动赵王武臣接受范阳县令徐公投降。结果，战书所到之处，不战而下30多座城池。可见其言之利！

五年后，韩信受刘邦之令引兵进攻齐国，还未到平原，就听说郦食其已经说服齐王投降。他正准备要退兵，蒯通鼓动其偷袭齐国，说："将军您受汉王的诏书来攻打齐国，可是汉王又派密使来到齐国，难道有诏让将军停止进军吗？你为什么不前进了呢？况且郦食其是一介文弱书生，坐着一辆破车游说，眼看就要说降齐国70多座城，将军您率领数万雄师，一年多才拿下赵国的50多座城。您征战多年，却不如一个书生所立下的功劳，您甘心吗？"

韩信为蒯通说动，遂趁齐国不备大举进攻。齐王田广以为郦食其的游说是一个圈套，恼羞成怒之下，竟把他扔到大鼎里烹死了。班固评论这件事时说："蒯通一说而丧三俊。"

蒯通曾劝韩信背叛刘邦，自立山头，形成楚、汉、齐三足鼎立的局面，但韩信没有采纳蒯通的建议。蒯通失望之余，只好装疯逃走以避祸。后来韩信被吕后杀害时，才后悔没有采纳蒯通的建议，说："吾悔不用蒯通之计。"

刘邦听说此事后，立刻派人捉来蒯通，准备下油锅。蒯通用了一个经典的比喻，说夏桀养的狗向着尧帝狂吠，并不是尧帝人品不好，而是狗一定会对外人狂吠。不仅要吠，有时还会咬呢。这也是各为其主，被吠和被咬的人没有什么好怨恨的！

刘邦听了以后无话可说，加上蒯通已经没有威胁力，就释放了他。

随着西汉经济力量的恢复，汉武帝"罢黜百家，独尊儒术"，纵横家走进了历史深处。但这并不意味着它的销声匿迹，而是逐步的向儒家靠拢和渗透，或者披上了儒家思想的马甲。比如，徐乐以“臣闻天下之患，在于土崩，不在瓦解”的意见；严安以“秦贵为天下，拥有天下，灭世绝祀者，穷兵之祸”的意见，都成为汉武帝跟前的红人。

在这里，他们几个人虽然都有纵横家的辩才和智慧，但是“推恩令”、“土崩瓦解”、“穷兵之祸”等战略思维和话语模式，都已向着儒家靠拢了。应该说，此时的纵横家已经从舞台的中央慢慢隐退，只剩下一些华丽的吉光片羽，贴附在西汉王朝的宽袍大袖之上了。

4 无纵横不能取富贵

李白等人以文辞游说于唐代权贵之间，其实正是先秦游宦之风以安邦治国的理论游说诸侯的曲折继承。

章太炎在《诸子学略论》中指出："儒家不兼纵横，则不能取富贵。纵横之术，不用于国家，则用于私人，而持书求荐在又其末流。韩愈以儒家得名，亦数数腾言当道，求为援乎，乃知儒与纵横相为表里，犹乎足之相支，毛革之相附也。宋儒稍能自重。降及晚明，何心隐辈又以相术自豪。及满洲而称理学者，无不习捭阖，知避就矣。孔子言达者察言观色，虑以下人；闻者与纵横稍远，而达者与纵横最正。"

可以说，这段话概括了纵横家对中国文化的影响：它以其独特的魅力，对儒道文化产生着不易为人察觉的影响，使它们的实用理性精神强化，谋略权术的色彩更加浓厚。从东汉的冯衍，魏晋的秦密、袁悦，唐代的魏征、李靖和陈子昂，到宋代的苏洵、苏轼、陈亮、叶适，再到明代的王世贞、李赞等，无不显示了纵横家风度的影响。

这说明，各个时代都有人继承了纵横家的游士和游侠之风，衍化出纵横家的"变种"。对于这种关系，班固在《汉书·游侠传》中说得很清楚："到了战国时代，又是合纵，又是连横，诸侯各国竞相用强权和武力征伐称霸。于是各国的公子——魏国的信陵君、赵国的平原君、齐国的孟尝君、楚国的春申君，都借着王公的势力，收罗游侠，使鸡鸣狗盗之类的事屡屡发生，老百姓不得安宁，而他们却受到了各国君主的礼遇。赵国的丞相虞卿抛弃国家的利益

《长短经》糅合儒、道、兵、法诸家思想，叙历代更迭史实，核心是『论王霸机权，正变长短之术』。涉及君臣德行、任人用长，钓情察势、霸略权变等内容。对现代人来讲，无论奉上御下，结盟御敌，还是公关游说，为人处世等，都有极强的借鉴意义

长短经（儒、道、兵、法）

- 卷一　文上
- 卷二　文中
- 卷三　文下
- 卷四　霸纪上
- 卷五　霸纪中
- 卷六　霸纪下
- 卷七　权议
- 卷八　杂说
- 卷九　兵权

纵横家以其独特的魅力，对儒道文化产生着不易为人察觉的影响。

去救他的患难之交魏齐；信陵君魏无忌窃取虎符假传国王的命令，让朱亥用锥杀死了将军晋鄙，夺取军权，去为平原君赵胜解救被包围的赵国。他们就是用这种欺上瞒下的方式得到诸侯的器重，扬名天下。”

班固说的战国四君子，就是当时十分积极的纵横家和各种士人的豢养者。秦汉以后，正史中再也没有出现纵横家，但他们的思想火花，仍跳跃其中。

隋末唐初，各路义军风起云涌，争雄图霸，为志士豪杰的逞辞辩说提供了广阔的用武之地。唐初的开国元勋中，许多都是能审时度势的“纵横之士”。

后来，唐代一个叫赵蕤的读书人，以“论王霸机权，正变长短之术”为主题，写了一部思想自由、泼辣的《长短经》，被认为是纵横谋略的代表作。当时的人将他与李白相提并论，说“赵蕤术数，李白文章”。唐代以后，历代有作为、有能耐的帝王将相、名臣谋士，都把它作为必读的秘籍，称它是小《资治通鉴》。

盛唐之际，著名诗人陈子昂、李白等都以喜欢纵横之术而著称。李白16岁便跟随赵蕤学纵横之术，并且自称“十五好剑术，遍干诸侯”（《与韩荆州》），此后便一直“朝忆相如名，夜梦子云宅”（《淮南卧痛书怀寄蜀中赵征君蕤》）去国远游，游宦纵横于唐代“诸侯”之间。

不过，唐代的这种纵横游宦，并非是先秦纵横家那种合纵连横之略，而是继承纵横精神，在以科举为中心的求官行为中有所表现。如有一类极有抱负的读书人，不愿循常科之试，直接行干谒之事（“干谒”就是士人们把平日所作诗文呈献给主司或有地位、有名望的权要，恳请赏识和同情，以期置身于青云。说白了，就是一种比较原始的跑官要官活动）。

唐代众多诗人，如王勃、卢照邻、王之涣、高适、李白、杜甫、王维等，均有过干谒经历。他们以文辞游说于唐代权贵之间，其实正是先秦游宦之风以安邦治国的理论游说诸侯的曲折继承。

“无纵横则不能取富贵”，这句话直到今天，也是一条处世科律。

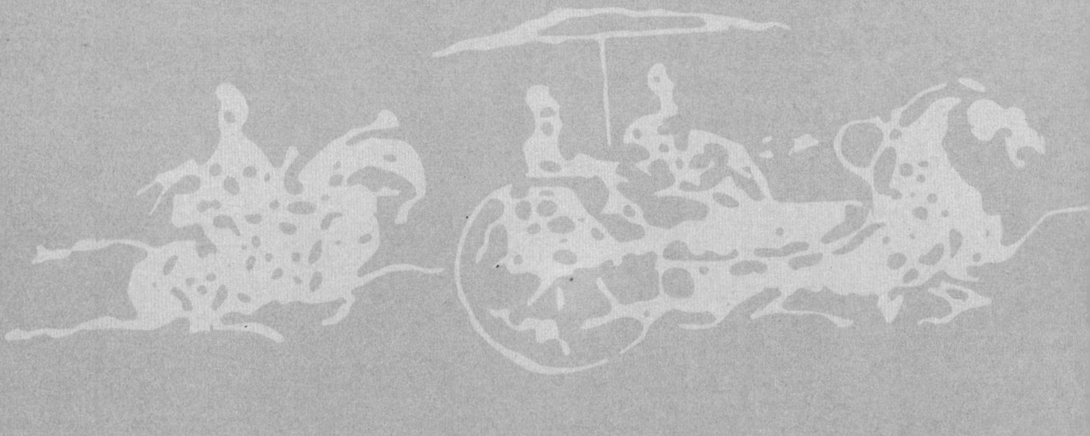

贰

实用精神

智慧重于道德

1 有信心改变一切

作为一个道德观念约束最小的学派，纵横家们以主人的姿态审视一切，高度自信，高度自尊，高度灵活。

纵横术是一门有特定目的的实践性艺术，是为了改变对方的信念、态度与行为，其成败完全体现在对方的现场反应上，而不在什么学术建树上。正因如此，他们不屑于青史留名或著书立说，只有成功才能对他们的水平做出评判。

作为一个道德观念约束最小的学派，纵横家们以主人的姿态审视一切，他们高度自信、高度自尊、高度灵活，认为通过主观努力，能转祸为福，因败为胜，甚至可以战胜一切。在行为上，他们以主体的姿态投身于社会，锐意进取，精心设计，巧妙施谋。关于这一点，有这样一个故事。

春秋时，郑国有个叫圃泽的地方住着很多贤士，而在东里那个地方也有很多才子，但两个地方的学风不同。圃泽有一个学者名叫伯丰子，有一次他路过东里，被正在讲学的邓析看见。邓析回头对自己的学生们说："我要戏弄一下那个人，看看他有什么反应。"

学生们都说："我们正想见识一下老师的学问。"

邓析带着学生来到伯丰子面前，说："你知道养育和被别人养育的道理吗？被别人养活而不能养活自己，这种人跟猪狗没有什么区别；养育别的动物，为我所用，这才是人的能力。你们这些人，不能养活自己，四处游说，之所以吃得饱、穿得暖，成天游手好闲，是因为当政者豢养的缘故。这跟猪狗又有什么不同呢？"

伯丰子没有理睬他，只是示意自己的一个学生走上前应战。

纵横家们高度自信、高度自尊、高度灵活。

纵横家不追求理论上的建造，却用冷静、理智、现实的态度设计谋略，着力于现实斗争，能在实践中审时度势，随机应变，达到所预计的目的。

他的那学生对邓析说："你可曾听说过，齐国和鲁国有不少贤人，有的人擅长土木建筑，有的人擅长制作五金皮革，有的人擅长演奏乐器，有的人擅长作文计算，有的人会指挥作战，有的人能和天地鬼神打交道。总之，什么样的人才都有，但没有人来指挥和运用他们。指挥者未必有一技之长，但有一技之长的人都为他所用。你刚才所说的当政者就是受我们指挥的，我们通过教育当政者，来为天下人并为自己谋取衣食，你却认为这是当政者给我们的恩惠，骂我们是猪狗，你有没有脑子？"

邓析哑口无言，带着学生灰溜溜地回去了。他这才明白，用言词向惯于游说的人挑战，逞口舌之利，就连他这种擅长词讼的人也根本占不到什么便宜。

从这个故事中可以看出，实用理性精神不是纵横家的独有精神，但是在他们身上表现得最突出。他们不追求理论上的建造，却用冷静、理智、现实的态度设计谋略，着力于现实斗争，能在实践中审时度势，随机应变，达到所预计的目的。

2 大大方方看名利

在纵横家看来，道德是一种奢侈的修养，不是一种权利，更不是一种律条。

儒家反对逐利，却挣脱不了功名的诱惑；道者根本不谈功名利禄，可能做到的人却极少；而大多数的纵横家们却要豁达得多，他们大方地把追逐功名、获取利禄作为人生的原动力。

据《战国策》记载，有一次，著名的“战国四公子”之一的孟尝君被驱逐出齐国，后又被“平反昭雪”，再次返回齐国。他的政敌都十分害怕，担心孟尝君重返政坛后会对他们有所报复。孟尝君的好朋友、著名的辩士谭拾子到齐国的边境上去迎接孟尝君。见面以后，谭拾子直言不讳地对孟尝君说：“您对齐国的士大夫是不是有怨恨呢？”

孟尝君不加掩饰地说：“是的。”

谭拾子对他说：“人总有一死，这是事物发展的必然规律。人在有钱有势时，别人就愿意去接近他，如果贫穷低贱，别人就会离开他，这也是事物本来的规律。人情冷暖，世态炎凉，本来如此，您还是别往心里去吧!”

孟尝君听了谭拾子的话，猛然醒悟，他把所怨恨的人全都从簿子上划掉，从此不再提起此事。

苏秦认为，报仇雪恨不过是维护自己名声的办法。

战国时期，赵王任用赵奢的儿子赵括代替廉颇为将。廉颇从长平被免职回家，结果家中的门客都卷起包袱走人了。等再次被任命为大将军时，原来离去的门客又都纷纷回来了。廉颇很生气地对

人在有钱有势时，
别人就愿意去接近他；
如果贫穷低贱，
别人就会离开他。
这是事物本来的规律。

旧的道德
纵横家道德
孝的典范曾参
守信的典范尾生高
廉洁的典范鲍焦
曾参无非是奉养双亲而已
尾生高只不过是不欺骗别人而已
鲍焦不过是不偷别人的钱而已

他们说："你们都滚蛋吧！"其中一位门客说："您怎么这么糊涂啊！现在天下人都是势力之交，您有权势，我们就跟随您做事；您没有权势，我们没办法做事自然就离开。这本来是很自然的道理，您有什么可抱怨的呢？"

从谭拾子和廉颇的门客那里，我们可以看出，功名利禄不仅是多数人的生活要旨，而且是那个年代大多数人的选择。准确地说，纵横者们不过是顺应了人们的这种选择而已。像苏秦这样有名的纵横家，就是在饱尝了人间的人情冷暖之后，才发出了"人生在世，权势和富贵怎么能忽视啊"的感慨。

人生就像一场赛跑，功名利禄（形象地说，就是名车、豪宅、美女和报纸头版的位置）就如同一块块金牌，有人幸运地拿到了金牌，有人倒在了拿金牌的路上，有的人远远地落在了别人后面。我们不会去责备在运动场上争夺金牌的勇士，又为什么要去责备那些在社会的竞技场中追逐功名利禄的人呢？

在纵横家看来，道德是一种奢侈的修养，而不是一种权利，更不是一种律条。

正如作家王鼎钧所说：恃清傲浊比恃才傲物的后果更坏。人们之所以尊重道德，就是因为道德对他们无害。如果道德成为他们毡上的针、背上的刺，他们就要设法拔除。人们之所以提倡道德，就是因为道德可以增进社会的安宁与和谐，不引起纠纷，造成风波。否则，他们就要对不道德分子进行安抚了。

3 生活中的“超限战”

纵横术这把刀本身无善恶，是使用者的动机和目的有卑贱崇高之分。

对纵横家来说，为达到目的而不择手段，是他们的一个重要原则。纵横家们认为，手段取决于目的，这个目的一定是有利于自己或社会的。

一般人经常把善与恶、是与非作为标准，来对思想和行为进行检验和评判。纵横家们则不同，他们认为，善与恶、是与非是不值得一提的东西，要成功就必须只问目的，不问手段。从这一点看，他们所运用的是社会生活中的“超限战”——超越一切限制的战略战术。

当然，这个不问手段的超限战，并不是指他们忽略或轻视手段的选择，相反，他们比任何其他人都注重对手段和技巧的研究。他们的成功，在一定意义上来说，就是依赖于他们的手段、技巧娴熟的程度。

所以，如果手段本身的使用违背了目的，使用手段造成的负效益大于目的应产生的效益，那么这个手段是不应该采取的。但是，为那些能带来正当效应的有益目的而不择手段，而且此手段不会凌驾在目的之上，是完全应该的。

就像菜刀和指甲刀都能杀人一样，纵横术这把刀本身无善恶，是使用者的动机和目的有卑贱崇高之分。纵横家们认为，谋略和权术是一种政治科学，与日常生活的道德断然无涉。阴谋诡计应用在日常生活中，那是卑鄙小人的伎俩，而如果用在国家大事上，那是

纵横家认为，善与恶、是与非是不值得一提的东西，要成功就必须只问目的，不问手段。

纵横家们的身上都蕴藏着一股顽强的向上攀升的生命力，它帮助他们成就了显赫的功名。

枭雄谋士的雄才大略。

大多纵横家都是贫苦出身，但他们又都往往不甘于贫苦，因此，获取功名利禄，以摆脱制约他们的贫穷困苦，是他们人生的一大动力。苏秦用头悬梁、锥刺股的精神，发誓要获取卿相富贵之位；范睢遭到坏人的忌妒，被陷害而打得半死后扔进厕所，被人轮流往身上撒尿，是哀求了守门人才逃出生天；甘茂遭人陷害，为了离开秦国去齐国，甘愿做奴仆，以求东山再起。

这些都足以说明，纵横家们的身上都蕴藏着一股顽强的向上攀升的生命力，它帮助他们成就了显赫的功名，如苏秦“挂六国相印”，张仪贵为秦相和魏相，甘茂、范睢、蔡泽都相继做了秦国的宰相，虞卿见赵王第一面，就得百金赏赐，见第二面就被封为上卿等。

纵横家们以词锋相争，以智谋相夺，“人生世上，势位富贵，盖可忽乎哉”。这种没有遮蔽道德虚饰的进取有为的观念，在现代社会仍然有一定的借鉴意义。“超限战”的思维，也并非完全没有用武之地。

4 别把信用变枷锁

在纵横家的眼里，信用是做给人看的，是一件用来完成任务的道具而已。

战国时，楚襄王做太子时，在齐国当人质。楚怀王驾崩后，太子向齐王告辞，准备回楚国，齐王不答应，说：“给我楚国东边的土地五百里，你就可以回去；不给，你就别想走。”

太子说：“我有太傅在这儿，请让我去问问他再决定。”

太傅慎子说：“把东边的土地给齐，是为了你回国继位，如果为了爱地不送死去的父亲，不义，臣认为可以答应献地。”

太子去见齐王说：“就按您的要求，我敬献500里地。”

于是，齐王同意楚太子回去。太子归楚后，即位为王。齐国派兵车50辆来楚索取土地。

楚王问慎子说：“齐使者来取东地，怎么办呢？”

慎子说：“君王您明日上朝时，让大家都献计。”

次日上朝后，楚王将三位大夫的主张讲给慎子，说：“上柱国子良对我说，不能不献东地，可以先献，后以武力夺回。昭常说，不能献地于齐，他请求镇守东地。景鲤说，不能给齐地，但楚无力自守，应求救于秦。你看我用谁的办法呢？”

慎子答：“大王都可以采用。”

楚王不高兴地说：“你真是奇怪，都可以采用是什么意思？”

慎子说：“我并不开玩笑，而是从他们的说法中受到启发。您等我说完，就会知道此三计并行是可以的。大王您可以让子良带车五十乘向齐献地五百里。第二天，派昭常去东地守，第三日，再派

景鲤带五十乘战车去向秦求救。”

楚王按照三计并行的策略，先派子良到了齐国去献地，又暗中吩咐昭常坚守东地，决不能放齐国一兵一卒进来。

齐王兴高采烈地派人去接受东地，结果昭常站在城墙上对来者说：“我奉命守东地，同东地共死生，我这5尺男儿，年龄60，以及30多万的楚国士卒，虽然武器装备不好，但愿为守东地而赴汤蹈火，万死不辞。”

使者碰了一鼻子灰回报齐王，齐王的脸一下子拉长了，他质问子良：“大夫您亲自来献地，可是昭常又镇守在那儿不让我们进去，这到底是怎么回事？”

子良一脸无辜地回答说：“我亲身受楚君的命令来献地，昭常一定是假传王命的，请大王派兵进攻东地讨伐昭常吧！”

于是，齐王怒气冲冲地兴兵去讨伐昭常，可是还没到楚国的疆界，秦国的50万大兵就到了齐国的边界。秦国带兵的主帅右壤警告说：“齐国阻止楚国太子归国，这是不仁；又要强抢楚国的五百里土地，这是不义。你们如果退兵那就罢了，不然，我们也就不客气了。”

齐王听说后吓了一跳，只好先放子良回国，又派出使者到秦国求和。

看上去，这件事情好像是楚国言而无信，但是与未动一兵一卒，东地仍归属楚国的战果相比，还是值得的。而且，因为齐王无理贪求在先，强迫楚国立下城下之盟，因此楚国并没有背上“背信弃义”之名。

《鬼谷子》中说：“世上没有永远显贵的事物，事物没有永恒的师长和榜样，圣人也常常是无所不做，无所不听。只要办成要办的事，最重要的是不违背预定的策划。如果为了自己的君主，合乎这一方的利益，就要背叛那一方的利益。凡是策划都不可能同时忠于两个对立的君主，必然会损害其中一方。”

人以诚立，为人必须诚实守信，但这是指对信得过的朋友。而且，对待信用要灵活，不能为了守信，就在洪水中抱住柱子等人（害己又害人）。在纵横家的眼里，信用是做给人看的，是一件用来完成任务的道具而已，用来显示自己的魅力，或者达到特定目的工具。如果在残酷的斗争中遵守不应遵守的诺言，就是因信而自缚。

5 冰火两重天的评价

一人之辩，重于九鼎之宝；三寸之舌，强于百万雄师。

长期以来，对纵横家的批评不绝于耳。究其根本的原因，大概就是长期以来人们已经形成了这样一种认识，似乎纵横家所提倡的东西与儒家的仁义道德是相左的。在批评者的心目中，凡是玩计谋耍心眼的人，都是不仁之人。

景春对孟子说："当今的公孙衍和张仪难道不是真正的大丈夫吗？他们一发怒，那些诸侯便都害怕得不敢有动静，天下便太平无战。"

孟子不同意，他说："这怎么称得上是大丈夫呢？一个人应居住于天下最宽广的位置，那就是'仁'，要站立在最正确的位置，那就是'礼'，该行走于最光明的大道，那就是'义'。得志，便与百姓循道而进；失意，也能独自坚持自己的原则。富贵不能乱我心，贫贱不能改我志，威武不能屈我节，这才叫做大丈夫。有节操者方可称丈夫。"

孟子对纵横家这种不屑一顾的态度，在历史上被很多人所继承。

韩非子讲了这样一个故事，以讽刺纵横家。齐国要攻打鲁国，鲁国派能说会道的外交官子贡前去交涉讲理。听了子贡的一番话，齐王回答说："你很会说，说得很有道理，但我要的是你们的土地，不是你的道理。"不久，齐国出兵攻打鲁国，打到离鲁国国门只有十里远的地方，划下了国界。

宋濂的《鬼谷子辩》称："鬼谷子三卷，《唐志》以为苏秦之书……皆是小夫蛇鼠之智，家用之则家亡，国用之则国偾，天下用之则失天下。"

在这些人看来，纵横术往往是与亡国灭种联系在一起的，难怪在不少朝代，纵横家的著作被列为禁书而遭到焚毁。除了从后果上进行批评，还有些道德高尚的人批评纵横家的人品，说他们"智有余而德不足"，意思是他们过于强调运用智术来获得利益的功效，而漠视道德方面的操守，是一种还没有脱离低级趣味的表现。

纵横家们追求的是成功，关注的是利益。为此，他们翻云覆雨、不择手段，在各种政治军事集团间进行游说。他们凭三寸不烂之舌，揣摩被游说者的心理，以利害得失撼动被游说者的心灵。

由于一切活动都围绕着利益和成功旋转，因而不讲政治、摒弃道德就成为他们行动的重要特点。对这一点，他们是没办法摆脱批评的。

刘向在《战国策》书录中，也曾对纵横家如此评价："至秦孝公，捐礼让而贵战争，弃仁义而用诈谲，苟以取强而已矣。夫篡盗之人，列为侯王；诈谲之国，兴立为强，是以传相放效，后生师之，遂相吞灭，并大兼小，暴师经岁，流血满野；父子不相亲，兄弟不相安，夫妇离散，莫保其命，泯然道德绝矣。晚世益甚，万乘之国七，千乘之国五，敌侔争权，盖为战国。贪饕无耻，竞进无厌；国异政教，各自制断；上无天子，下无方伯，力功争强，胜者为右；兵革不休，诈伪并起。当此之时，虽有道德，不得施谋；有设之强，负阻而恃固；连与交质，重约结誓，以守其国。故孟子、孙卿儒术之士，弃捐于世，而游说权谋之徒，见贵于俗。是以苏秦、张仪、公孙衍、陈轸、代、厉之属，生从横短长之说，左右倾

有些人批评纵横家的人品，说他们“智有余而德不足”，意思是他们过于强调运用智术来获得利益的功效，而漠视道德方面的操守。

侧。”他对战国纵横之士的抨击，虽不无儒家的偏见，却可以作为一面观照纵横家的镜子。

不过，纵横家们要在随时爆发战争的环境中生存下去，就必须用多于仁德的智慧。我们不能忽略纵横家们所处的社会历史环境，而对他们做超越时空的要求。

在战国这一特殊时期，纵横家们以各自效命的国家或国家集团的利益为出发点，出色地完成了自己的使命，作出了重要的贡献。事实上，历代对纵横家持肯定态度的人也不少。

冰火两重天的评价，似乎与纵横家大喜大悲的人生起落有某种联系。

九鼎是最为富贵的东西了，而纵横家的三寸之舌，能与九鼎和百万之师媲美。这表明古人对纵横家的辩才和心智的推崇与赞誉。

司马迁在《史记》中，对纵横家的长于谋划有不少盛赞赏激之处。他说，苏秦的智谋有超越常人的地方，张仪的所作所为又超过苏秦，樗里子能言善辩，足智多谋，被秦国人称为“智囊”；虞卿预料事态为赵国策划，十分周密，而范雎和蔡泽更是世人所说的一代能言善辩之人。

后来的刘勰在《文心雕龙·论说》中，也赞扬纵横家们“一人之辩，重于九鼎之宝；三寸之舌，强于百万雄师”。九鼎是最为富贵的东西了，它是帝位的象征；百万之师堪称强大了，它是一国强盛的保证；而纵横家的三寸之舌，能与九鼎和百万之师媲美。可见，刘勰对纵横家辩说能力的推崇，到了无以复加的地步。

这些不仅表明古人对纵横家的辩才和心智的推崇与赞誉，而且也说明对其理念的一种强烈认同。

国外很多学者也很推崇纵横家的思想。德国著名学者斯格宾格勒在《思想的没落》一书中，高度赞扬中国的纵横家，认为具有实际的借鉴作用。

20世纪70年代，西方外交家就深受纵横家思想影响，有人甚至称基辛格是现代的苏秦、张仪。而日本企业家大桥武夫更是把《鬼谷子》思想应用到经营活动中，写出了一部鬼谷子应用实例，取名《“兵法”与“鬼谷子”》。

叁

策略特点

直击人性的弱点

1 对准人性使用力量

对方的人性中如良性成分多，就用褒扬激励的方式使其就范；若对方人性中恶性成分多，就要靠威胁惩罚的方式以恐惧和灾难使他就范。

《鬼谷子·谋篇》说：有智慧的人是选择容易取胜而获利大的事去做，没有智慧的人则是选择不容易成功而获利微小的事去做。因此，像豫让、荆轲、高渐离所做的这种以命相拼，而又得不到实质性好处的事，纵横家们是绝对不会做的。

在纵横家的长期游说为谋的实践中，他们运用老子“反动寂寥”、“弱者道用”的思想，截长续短、巧妙地施加力量来改形造势；创造局面，力争主动；以人性为用力的焦点，利用、倾轧、度势进退，随机应变，将奇正、转圆术发挥到了极致。

其中，对每个人人性中的善恶贪欲，要有清晰的衡量和娴熟的引导。纵横家们以其敏锐的嗅觉，对人性弱点的把握无一不是到位的。如鬼谷子说：“夫仁人轻货，不可诱以利，可使出费；勇士轻难，不可惧以患，可使据危；智者达于数，明于理，不可欺以不诚，可示以道理，可使立功；是三才也。故愚者易蔽也，不肖者易惧也，贪者易诱也，是因事而裁之。”

说服对方，必须要有一个了解对方并将自己置换成对方的过程。

战国时，赵国派人对魏王说：“你替我们杀掉范痤，我们就献上70里的土地给你们。”

魏王派人去包围了范痤的家，开始搜捕。范痤爬上屋顶对来人

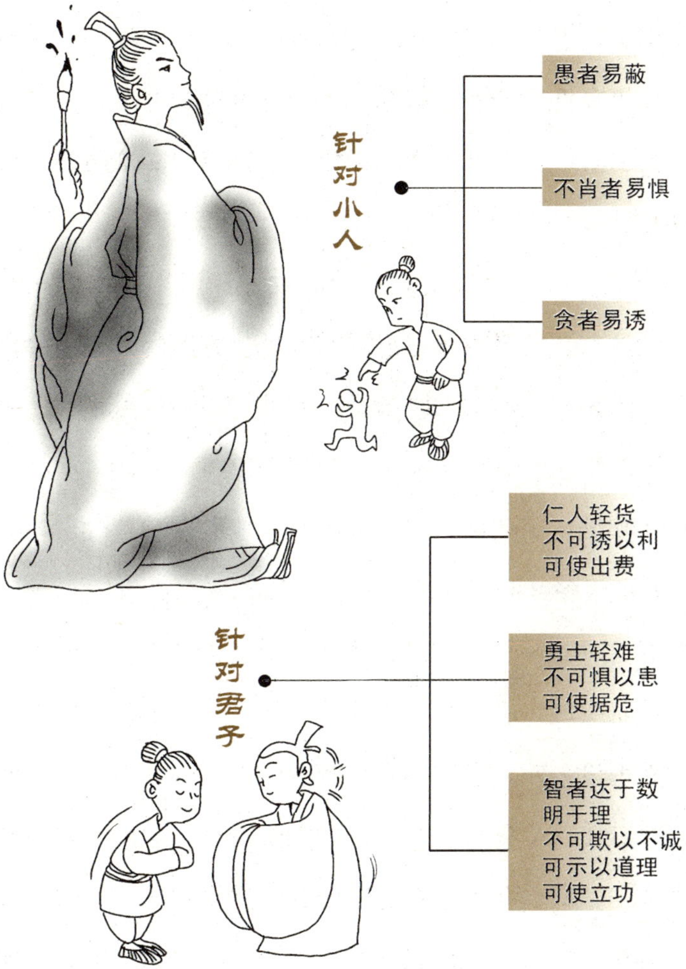

说："与其用死范痤和赵国交易，还不如用活范痤做交易。假如我死了，而赵国不把土地给魏王，到时怎么办呢？不如让赵国完成割地的手续，然后再来杀我。"

魏王同意了，范痤于是急忙送信给魏王的亲信信陵君说："我范痤是魏国原来的相国，您是现在的相国。现在赵国用土地贿赂魏王来杀我，魏王听信了；假如今后强秦也仿效赵国的办法来杀掉您，那么您将怎么办呢？"

信陵君见信大惊，于是劝说魏王放了范痤。

掌控对方的状况和需求，才能对症下药、以为我用。在对方的人性中，如果良性成分多，就用褒扬的、激励的方式，以利益和荣誉使其就范；若对方的人性中恶性成分多，就要靠威胁的、惩罚的方式，以恐惧和灾难使他就范。

《战国策·齐策六》记载：燕国攻打齐国，攻占了齐国70余座城池，唯独莒、即墨两城迟迟没有攻破。齐国的大将田单在即墨击破燕军，杀死了燕国的大将骑劫。此前，有一位燕国的将领率军攻占了齐国的聊城。有人向燕王进谗那个燕将的坏话，燕将担心被杀，就据守聊城，不敢回燕国。齐国田单攻打聊城，攻了一年多，虽然士兵死了很多，但城池还是攻不下来。

于是，鲁仲连写了一封信，系在箭上射进城去，送给燕将。信中写道："我听说，聪明的人不违背时势而丢弃利益，勇敢的人不逃避死亡而埋没名声，忠臣不会先顾自己而后顾君主。如今您逞一时之愤，冒着使燕王失却一个大臣的危险作战，这是不忠；自己战死而聊城失守，威名并不能在齐国张扬，这是不勇；功败名灭，后世也不会对您有什么好的记载，这是不智。有此三个短处，现世的君主不会要他做臣子，游士说客不会向世人称道他。"

燕将看了鲁仲连的信之后流了三天的眼泪，犹豫不定，难以自决：想回燕国，却已与燕王有嫌隙，担心被杀；想投降齐国，又担心自己杀虏齐人太多，降后受辱。他长声叹息说："与其让人杀我，不如自杀。"

于是，他自杀而死。田单收复了聊城。鲁仲连的成功，就在于对人性的深刻把握上。《战国策·齐策六》赞扬鲁仲连说："解齐国之围，救百姓之死，仲连之说也。"

2 以利益为策略基点

花钱办了事，才算实现了金钱的最大价值。

纵横家们在游说君王、实施谋略时，往往首先以利相诱，投其所好、嫁祸陷害、威胁恫吓、利诱欺诈等都是纵横家们惯用的伎俩。而其核心则是利益两个字，运用起来就是利和害两个方面。

利有久暂之分，害有远近之别。诱之以利，使之惑近利、忘远害而为我所驱；胁之以害，使之避危亡之近祸而就我掌控。以利诱之，实质上是以利害之。在合纵连横反复无常的变化中，败者多败于不能明察事机，从而丧失同盟而自陷于孤弱；胜者多胜于善于结盟联合，充分利用趋利避害的人性本质而益强。

张仪为了拆散齐楚联盟，便以秦国献出商于之地600里为诱饵，要楚王与齐绝交。他骗楚王说此举可一举三得，楚国一方面可削弱齐国，另一方面又可以施恩于秦国，还可坐得商于之地。

楚王听后大喜，从张仪之计。结果，此举反而促使齐、秦的联合，楚军被秦军在杜陵打得大败。楚王联齐以抗秦，不是不知道秦是自己真正的劲敌，只是600里上地的眼前利益使他忘记了危险。张仪正是利用了楚王贪利这一点，以利相诱，使楚王大上其当。

尉缭入秦游说，被任为国尉，与商鞅一同参与秦国变法。

此时，六国的合纵联盟已经被张仪所瓦解，各国相继与秦国建立了连横关系。尉缭向秦王献上用间谍取胜的计谋，说：“现在诸侯臣服于我国，如同郡县听从中央一样。诸侯各国君主、臣子都非常害怕秦国，假如一旦有人提出合纵对抗秦国，那我们就前功尽弃了。希望大王您不要吝惜金钱，拿出金银财宝去贿赂各国的权豪势要，扰乱他们的国家政治。秦国花费的不过是区区30万两黄金，可换来的将是六国灭亡，一统天下的局面。”

秦王听从了他的计策，由李斯主持其事，暗地里派遣谋士携带大量的金银财宝到各国活动，收买六国的“豪臣”，“离其君臣之计”。对诸侯各国的权贵，接收财物的就重金交结，不肯接受的就派人暗杀，使六国君臣离心。

有一段时间，天下的合纵之士都聚集在赵国讨论合纵盟约，目的是联合六国抗拒强秦。

范雎跟秦王献计说：“大王不必忧愁，让我来破解他们的合纵关系。秦国与天下的贤才武士并没有什么仇恨呀！他们相聚要来攻打秦国，只是追求个人的富贵。一群狗在一处，卧的卧，立的立，走的走，停的停，不会互相争斗，如果投一块骨头过去，每只狗就起来抢夺，并且互相撕咬，这是什么原因呢？因为那块骨头，彼此都有起了争夺之意。”

于是，范雎就派唐雎拉了满满一车能歌善舞的美女，并带上一支乐队和5000斤黄金，让他在赵国的武安城大摆宴席，表演歌舞，并且对来人宣称：“邯郸人谁愿意来拿黄金呢？”

结果，只有首倡攻秦的人没有拿黄金，而其他那些得到黄金的人，对秦国人就像对亲兄弟一样亲密了。

范雎又告诉唐雎：“此番你为秦国在外交方面建功，你可以不必管黄金究竟给了哪些人，只要把黄金都送给人就算功德圆满，现在再派人给你拿5000金。”于是，唐雎又用车拉着大量的黄金出发，再度前往武安城去收买天下策士，结果还没分完3000金，参加合纵之约的天下谋士就因各不相让而吵成一团。

“金钱攻势”在秦统一六国的最后关头，起到了摧枯拉朽的作用。

张仪利诱楚王

削弱齐国
施恩于秦国
坐得商于之地

→ 后果 →

未得其利
先受其害
败军失地

“金钱攻势”在秦统一六国的最后关头，确实起到了摧枯拉朽的作用。政治的核心是人，而金钱的诱惑对每个人都是巨大的。纵观中华五千年历史，政治和财富联姻，这是第一次、也是最为成功的一次。30万两黄金，不是一个小数目，用它却换来了六国的灭亡，天下的统一。无论从哪个方面来说，这都是很划算的，这钱没有白花！

国家政治如此，个人生活同样也如此。花钱办了事，才算实现了金钱的最大价值。关键时刻，不愿意使用或者不舍得使用钱这种“催化剂”，最终使事情失败，那才是最憨居的傻瓜呢！

3 只有永恒的利益

只有真正得到纵横之术精髓的人，才会克服恐惧心理，忍常人所不忍，成常人所难成。

与儒家和道家不同的是，纵横家没有一种永恒的“仁义”要坚守，更没有一个形而上的“道”要找寻，他们永远不会仰望星空，而永远只会盯住眼前和身边的人。对他们来说，生存才是第一位的，如何活得好，活得有滋味，活得荣耀，才是他们最关心的，现世的名和利才是他们所要的。为此，他们愿意委曲求全，在夹缝中求生存。

纵横家的唯一动机也是最高原则就是利益，对任何事物的取舍判断都取决于它。英国首相本杰明·迪斯雷利曾经有一句名言：“我们没有永恒的朋友，也没有永恒的敌人，只有永恒的利益。”纵横家中的大多数都是那种为求功名利禄而不择手段的人，这大概是纵横术为儒家不屑一顾的原因之一吧。

利益驱使法则对竞争的心理影响极大。《庄子》中讲了这样一个故事。两个国王打赌，开始两人赌瓦片，玩中取乐，无心理压力，也就不当回事去思考，去认真对待。后来赌金银，有了心理负担，开始动脑筋了，行为态度也随之发生变化。进而赌国家，心理负担大了，或者去冒风险争取极大的利益，或者放弃赌的机会，或者因心理失常赌输了，沦为乞丐。在这种情况下，心理承受力决定着敢不敢赌，决定着双方的输赢。

只有真正得到纵横之术精髓的人，才会克服这种心理，忍常人所不忍，成常人所难成。

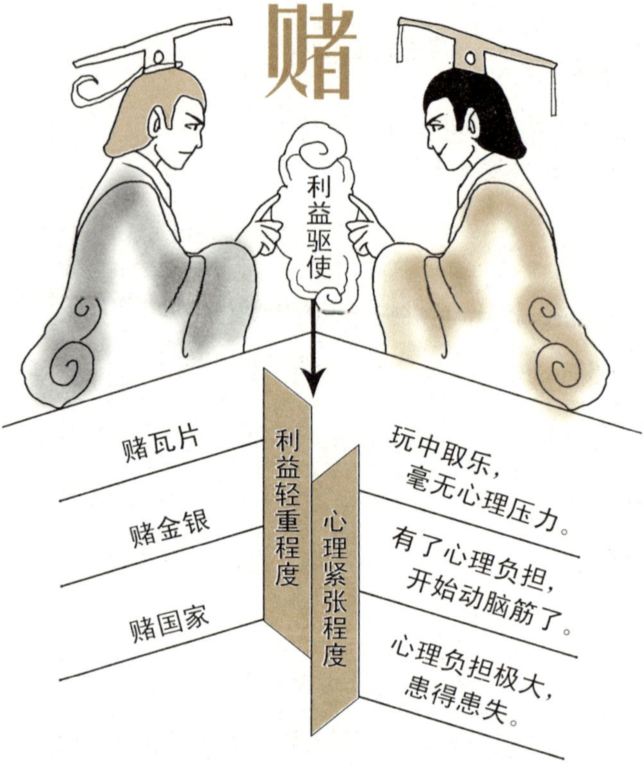

心理承受力决定着敢不敢赌，也决定着双方的输赢。

纵横家张仪挤走公孙衍后做了魏相，公孙衍不服。张仪到齐国实施他的连横术时，公孙衍利用齐王憎恨自己这一点，从中进行破坏。他假意让卫君转告张仪，说自己对张仪并没有怨仇，只是政见不一，并在张仪、卫君面前跪地而行，为张仪祝愿千秋之寿。

第二天，公孙衍又亲自把张仪送到齐国的边境。

齐王听说这件事以后，很怀疑张仪的真实用心，再也不听信张仪的话了，张仪策划好的齐、魏、秦的连横就此搁浅。公孙衍终于达到了在魏王面前损害张仪形象的目的。

此外，公孙衍借张仪在魏权重、新王即位权轻的机会，让张仪的亲信史举谋划魏王禅位于张仪。

年轻气盛的魏王听闻此事，马上跳着脚骂街，把张仪赶回了秦国。

但是，公孙衍想法暗算张仪，自己同样也难逃被人暗算的命运。公孙衍很受秦武王的喜欢，秦武王欲将秦相甘茂之位让给公孙衍。此事恰好被甘茂的家臣无意中听见了，并告诉了甘茂。

甘茂为保自己的相位，马上进宫祝贺秦王将要得到新相。秦武王自然是不承认，甘茂于是说：是公孙衍告诉他的。秦王恼怒公孙衍泄露了机密，就把公孙衍赶出了秦国。公孙衍和甘茂本无什么过节，可是甘茂为了自己的前途，捏造事实，陷害公孙衍，使公孙衍在秦国再无立足之地了。

以卑鄙手段对付别人，别人也会以同样的手段对付他，所谓“山外有山，天外有天”，“智者千虑，必有一失”，说的就是这个道理。

4 把恩怨当成筹码

只有穷究人性的弱点，才能摆脱困惑，融洽人际关系，创造愉快的生活氛围。

旅美作家王鼎钧讲过这样一个故事：一人贫穷不能自立，经常受他人周济。多年后，他忽然操刀行凶，把有恩于他的人一律杀伤。官府审讯时，此人的回答是："我欠这些人的恩情太多，无法偿还，见了面就难过，不如杀个干净。"

作者感慨地说：民间的故事经常寓有深刻的至理。眼见人处于困境不加援手，人必恨之；施惠于人而望报，人亦必恨之。只是一般人恨的程度不同，不至于行凶而已。

秦、晋之战，晋惠公命韩简子察看秦国军容。韩简子说："秦军在人数上少于我军，可士气比我们高一倍。"

晋惠公问："这是为什么？"

韩简子回答说："我们出外流亡时，得到了秦国的资助；回国时受到秦国的护送；发生饥荒时，又得到秦国的粮食救济。三次受人家的恩惠却不报答，所以秦军才怀着怒气来打我们。"

从秦军怀恨而讨伐晋国就可以知道，大恩德必然产生大怨恨。凡是怨恨最深的人，往往不是恨与他关系疏远的人，而是恨与他关系密切的人。

因此，在人际交往中，恩情恰恰是产生怨恨的根源。丰于阅历的人往往随时随地地助人，而又随时随地地否认他帮助过某人，使受助者心安。"施比受更为有福"这句格言不会动摇，因为"施"字本来有不要报偿的意思。施而望报，纵使不至于招祸，人际关系

也不会愉快。

而在纵横家那里，在恩和怨之间运用智谋，翻手为云，覆手为雨，已经成为一种常见的战术。《战国策·秦策》记载张仪要暗害竞争对手樗里疾（秦惠王的异母弟弟），便先让秦王派樗里疾出使楚国，同时，他要楚王为樗里疾向秦国请求秦相国职位。

接着，张仪对秦王说："提高樗里疾的地位，派他出使楚国，乃是为了两国的关系。现在樗里疾在楚国，楚王就为他向秦国请求担任相国。我听他对楚王说：'大王您想要在秦国困住张仪吗？愿意为您效劳。'楚王同意这样做，所以就为他向秦国请求相国职位，如果大王您真的答应楚王的请求，他必然会感谢楚王，把秦国出卖给楚王。”

秦王听后非常生气。结果，有“智囊”之称的樗里疾跳进黄河也洗不清，只好从楚国逃亡。

提高樗里疾的地位，是恩，但是这种恩的背后却深藏着张仪对他的怨恨。这种怨恨几乎将樗里疾置于死地。

宇宙间的万事万物，随时随地都在变，立场不同，观念就不同。因此，有正面一定就有反面，有好必然有坏。归纳起来，有阴就一定有阳，有阳一定有阴。阴与阳在哪里？当阴盛的时候，阳的成分一定涵在阴的当中；当阳盛的时候，阴的成分也一定涵在阳的里面。我们做一件事情，好的时候，坏的因素已经在好的里面了。

恩也好，怨也好，都没有绝对的好与坏。因此，看历史，看政治制度，看时代的变化，也没有什么绝对的好与坏。宇宙万事万物都在变，恩和怨也不是一成不变的。第一等人，懂得恩怨也会变，把握机先而掌握其变；第二等人，是等到恩怨之变来临时，跟着变；第三等人，等恩怨都变过了，他还在那里抱怨，其实早已经时过境迁了，他已经被恩怨完全摧毁了。

5 我的舌头还在否

谋略是因，口才是果。谋略用来策划、找出解决问题的方法，而口才用来实现策划、通过说服人直接解决问题。

鬼谷子认为，传播可以决定和改变事实的真相。语言作为一种传播方式，对事实真相会起到支配、改变甚至颠覆的作用。例如，“计谋，是生存与灭亡的关键（《鬼谷子·实意法螣蛇》）”。再如，《战国策》也记载：“计者，事之本也；听者，存亡之机也。计失而听过，能有国者，寡也。”

因此，纵横家都高度重视语言实现图谋、达成事功的功能。苏秦说：“明君贤相，总是力求不施攻伐而臣服诸侯，以谦恭辞让获得更多的财货土地。因为明君之于战事，不动刀兵就能战胜敌国，不用武力就可掠夺到土地，别人尚未察觉而王业就可完成。明君之处事，不费财力，而以长期的策划取得永久的利益……”

他甚至极尽夸张之能事地形容道：“据我所知，战争之道不在军队的多少，即使有百万敌军，也能败之于朝堂之上、帷幄之中；即使遭遇阖闾、吴起那样的将帅，也能通过室内的策划擒获他；虽然有千丈的城池，也可以在酒席之间摧毁它；虽然有百尺高的战车，也可以在坐卧之时摧折它。所以，丝管之声在朝堂不绝于耳、和着优伶和侏儒欢笑歌舞之时，国土已经扩张，诸侯前来臣服。如此的君王，名号与天地相等不算高贵，政权控制海内也不算巨大。”

据《战国策》、《战国纵横家书》和《史记》等记载，纵横之术不仅是自我推荐、自我实现的最佳手段，而且还是施展胸中韬略的有效形式，进言献谋，外交斡旋，权力争斗，利益攫取等，都是

纵横家都高度重视语言对实现图谋、达成事功的功能。

在游说中完成的。

张仪在楚令尹府中做门客时，有一次参加宴会。在宴会结束以后，令尹身上佩带的玉璧不见了。由于张仪贫穷，令尹就让武士审问张仪，虽然张仪挨了几百竹板，但是他坚决否认。

张仪回到家里，妻子看到他被羞辱的样子对他说："你如果不去读书，游说你那什么学说，在家里好好做普通百姓，怎么会遭到这样的侮辱呢！"

张仪摇了摇头不以为然，他对妻子说：“你看看我的舌头还在吗？”

妻子回答：“舌头当然还在，不然你怎么吃饭呢。”

张仪说：“舌头在就足够了，我的舌头不是用来吃饭的，是用来建功立业的。”

游说是为了实现某种策划，但其本身也蕴含着丰富的技巧，所以游说本身成为纵横家为谋的枢纽。得情钓机、把握时势、因情进言、能言善辩等都是纵横家刻意追求的游说之术。苏秦以连横游说秦，狼狈而归，头悬梁、锥刺骨，刻苦钻研《太公阴符》，悟出名为“揣摩”的游说之术，最终成为战国最著名的纵横家之一。

谋略是因，口才是果。谋略用来策划、找出解决问题的方法，而口才用来实现策划、通过说服人直接解决问题。没有谋略的口才会变成信口乱说，没有雄辩的谋略也会因得不到实践而成为水中之月。

- 揣摩：纵横术的必修课
  - 量权：清晰地判断形势
- 飞钳：左右对手的思路
  - 捭阖：高效率地说服对方
- 抵巇：乘虚而入拿下对手
  - 利导：建立联盟的游说模式
- 势禁：瓦解联盟的游说模式
  - 鼓刀扬声：推销自己的妙法

下卷

纵横策略

壹

揣摩

纵横术的必修课

1 用揣摩术发现真相

人的思想感情总有表现，只要用心琢磨，总能由表及里地发掘那些隐藏在内心的东西。

揣与摩是《鬼谷子》中最为重要的纵横谋略之一。

所谓揣摩，在纵横家这里是有特定含义的，那就是揣度对方，以相比合。也就是通过揣度对象的心思，来使自己的谋划游说投合其本旨。《战国策·秦策一》中说：“（苏秦）乃夜发书，陈箧数十，得太公《阴符》之谋，伏而诵之，简练以为揣摩。”

这里所指的“揣”即揣情的意思，就是忖度人情、事理，以便推测出事物发展的方向，得知对方的需要的策略。《鬼谷子·揣篇》写道：“量权不审，不知强弱轻重之称，揣情不审，不知隐匿变化之动静。”权衡事物的得失、利弊。

“摩”是一种与“揣情”相类似的方法，不过侧重点在于发现别人内心深处的东西，以用满足其特点的方式来俘获对手。

在“揣摩”之后，要适当地离开对方，像把地窖盖上一样隐藏起来，消除痕迹，伪装外表，回避实情，使人无法知道是谁办成了这件事。这样，办成了事却不会留祸患。在此处“揣摩”对方，而在另一处观察对方表现，顺应事物规律，使我方“揣摩”能在对方应验，则办事无所不成。

无论游说的对象是谁，都必须事先准确地判断对方心理。因为人的思想感情总有表现，只要用心琢磨，总能由表及里地发掘那些隐藏在内心的东西。

春秋时，齐国攻打宋国。宋派臧孙子到南方向荆（楚国的古

揣摩主要是为了窥探人的内心世界，所以在揣摩时，懂得如何隐藏自己的真实意图也是十分重要的。

称）求援。荆王听后非常喜悦，答应前去营救。随臧孙去的人都很高兴，唯有他面有忧色。他的车夫说：“求援已经得到了回答，你为什么面带忧郁呵！”

臧孙子说：“宋国小，齐国大，因救小宋国而得罪了大齐国，这是一般人都有顾虑的。荆王面带喜悦，一定是做给我们看的，为的是让我们坚持住。我们坚持作战，齐国也将疲惫，荆国就可以坐收渔利了。”

后来，臧孙子回到宋国时，齐国已占据了宋的5座城市，可是荆国答应的救兵连根汗毛都没有看到。

这个故事说明，臧孙子对事情的观察仔细，头脑清醒，善于揣情。

故事告诉我们，观察别人不能仅靠对方说的话，更要观察对方言行是否一致。一般来说，心有忧患时神色一定疲乏而枯槁。荆王因小国得罪大国本应该忧心忡忡，但却面露喜色，就是言行不一的表现，因此其许诺必然是假的。

反过来，揣摩时也要注意不能暴露了自己的意图。

揣摩主要是为了窥探人的内心世界，而每个人都有自己的隐私，因而往往不愿被人窥视，常常会将自己隐藏起来。一旦对方知道你在试探、揣摩他，他将会把自己隐藏得更深、封闭得更紧。所以在揣摩时，懂得如何隐藏自己的真实意图也是十分重要的。

当然，这种隐藏不是为了无为清静，而是要控制局面，保护自己的主动权，并在揣摩后采取相应的策略，主动制造关键性的转化形势。无论是加快还是放缓阴阳的转变，拉大还是减小自己和对方的“势差”，都需要精心的把握、人为的促动。

2 揣情重在发现事机

揣情最关键的一点，就在于掌握住对方情感与事物变化之间的联系。

《鬼谷子·揣情篇》中认为：即使有尧舜那样的人品，有孔圣人那样的智谋，如果离开揣情之术，也无法知道别人所隐匿的东西。因此可以说，揣情是谋略的根本，是游说的主要方法。能动用此术的人，便能从对方的感情变化中认识对方，同时知道事情的发生、发展和结果，这是最难的。

揣情最关键的一点，就在于掌握住对方情感与事物变化之间的联系。

鲁国大夫郈成子出使晋国，路过卫国。卫国的右宰谷臣宴请他，可是乐队奏出的音乐却很忧伤；在喝酒喝到畅快之际，谷臣又把一块璧玉送给了郈成子。

成子从晋国回来又经过卫国，却没有再去拜会谷臣。他的车夫感到奇怪，郈成子说："他上次宴请我，是要跟我欢乐一番，可是他的乐队奏的乐曲却不欢快，这是在向我表示他的忧愁啊！喝酒喝到畅快之际，他把璧玉送给了我，这是把璧玉托付给我。从这两点来看，卫国大概是要乱了吧。"

成子离开卫国国境仅仅30里，卫国果然发生内乱，谷臣为卫君殉难。郈成子回到鲁国后，立即派人去卫国接谷臣的妻子和孩子。后来等谷臣的孩子长大成人以后，就把璧玉交给了他。

孔子听说这件事后说："有一种人，在智慧上可以用隐微的方式跟他进行沟通，在仁义上可以把财物托付给他。"大概说的就是

揣情最关键的一点，就在于掌握住对方情感与事物变化之间的联系。

揣摩的方法

眼光

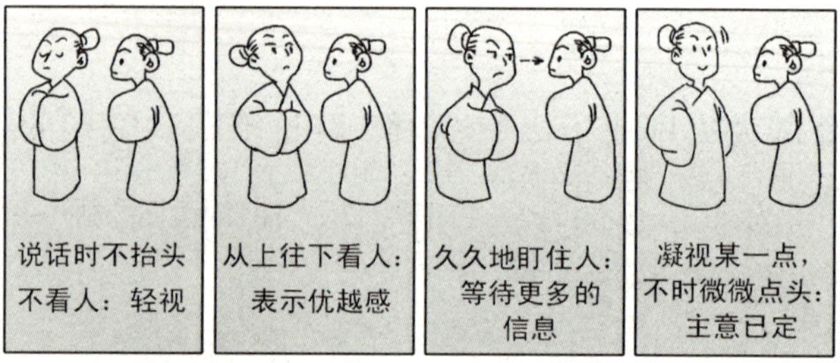

体态

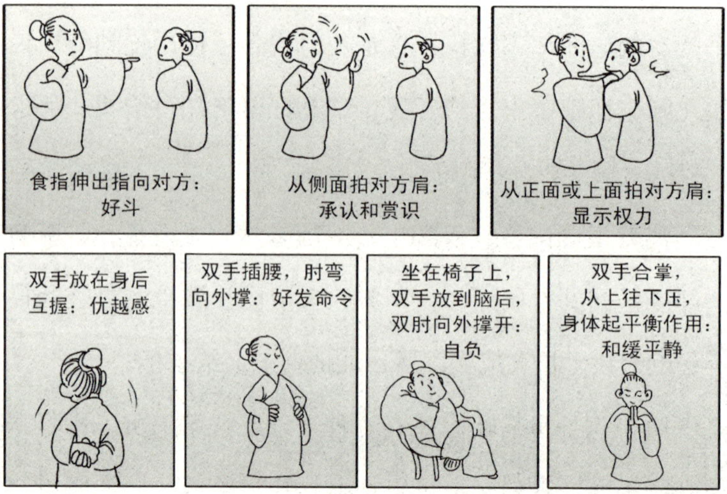

郈成子吧！

揣摩的学问，在现代社会中也是推销自我和获取优势的基础。

在社会上，不懂这种技巧就会被对手挤垮，所以“兵不厌诈”，运用一定的谋略，施展一定的手段，摸清对方的真实态度和想法，是十分必要的，这并不违背公平竞争的原则。反之，如果不讲策略，根本不知道事机所在，仅凭主观随意性与对方周旋，只能如盲人骑瞎马一样碰得头破血流。

不过，揣摩在理论上易讲，在实践中难行，所谓“常有事于人，人莫先事而至，此最难为”。众所周知，谋事在前，成事在后，然而，别出心裁地把握事物真相，使事物先谋而成，是要做一番功课和动一番脑筋的。不过，无论有多少具体的方法，揣摩术的运用，归根结底离不开辩证的思维分析，离不开透过事物表面现象的洞察能力。

比如说，有三个男人站在一起，表面看来他们在专心交谈，谁也没有理会站在一旁的漂亮姑娘。但实际上，懂得揣摩之术的人并不这么认为，因为他发现每个人都有一只脚的脚尖对着她。因为人在站立时，脚尖往往朝着他心中惦念或追求的方向或事物。三个男人的专心致志只是一种假面具。真相虽然被隐藏，但“脚语”却把他们的秘密泄露了。

3 摩意重在揣度内心

高明的“摩”者善于独立思考，能辨察对象的内心欲求，通过把握对象的内心活动来试探他。

在游说过程当中，揣和摩往往是联系在一起的，含义是反复思考和推究。实际上，“摩意”也是揣情之术的一个延伸，它和揣情之术紧密相连。鬼谷子在《摩篇》的开首就指出：“摩者，揣之术也。”

既然摩意是揣情之术的延伸，那么鬼谷子在写了《揣篇》之后，为什么还要再写一个《摩篇》呢？其实，这并不是作者为了凑字数挣稿费，而是有深刻的用意。

就揣情而言，一切人们想要得到的情况和信息都属于揣的对象和范围，相对来说，摩意的对象和范围就要狭窄得多。鬼谷子把隐而不现的内心世界，划入了摩意的范围，也就是说凭着摩意之术，才能更深刻、更真实地揣度出人的内心欲望和要求。

进行揣情时，要“揣”的真相是隐而不现的，这就需要适当地去“摩”，即要根据对方欲望投其所好，进行测探，其内情就会通过外部形象反映出来，这就是“摩”的作用。

鬼谷子认为，善于“摩”的人就像拿着钓钩到水池边上去钓鱼一样。只要把带着饵食的钩投入水中，就一定能钓到鱼。他提出十种“摩”的基本法式，即平、正、喜、怒、名、行、廉、信、利、卑，也就是十种研究事物的方法。这十种方法因人性参差、万物纷纭要因机而行。在人们明确了行为目的后，即可择其一种而行之。

揣摩的方法有很多，其中最常见的恐怕就是试探。鬼谷子在

- **平**：体现出心平气和，没有任何追求和奢望，让别人感觉一切都是顺其自然、顺理成章。
- **正**：体现出一团正气，没有一点私心杂念，完全是为了别人，没有一点为自己的意思，这样就不会引起别人的反感和抵触。
- **喜**：处处体现出好事，完全是对别人有益处的好事，这样就会讨得别人的欢心，而不会遭到拒绝了。
- **怒**：在感情交流到一定程度时，就可以抛出别人不高兴的事来，让他怒不可遏，在他不能自控的时候，就可以捕捉到变化的机会了。
- **名**：在捕捉到变化机会以后，马上要订出应变策略，然后义正词严地告诉他功过是非、成败利害，再观察变化征兆，再订应变策略。
- **行**：已经发展到可以大胆实施谋略的程度，就要不失时机的大胆实施，确保“言必行，行必果”。
- **廉**：在实施谋略的过程中，不能体现出一点是为了自己，而完全是为了别人着想，让别人始终认为自己是廉洁无私的。
- **信**：自始至终都要诚实守约，言必行、行必果。
- **利**：始终要围绕让别人获得好处这个宗旨，让别人无法拒绝利益的诱惑。
- **卑**：不要在别人面前体现出强势，要谦虚低调，不要锋芒毕露。

《摩篇》中说：“微摩之以其所欲，测而探之。”高明的“摩”者善于独立思考，能辨察对象的内心欲求，把握对象的内心，从而试探他。设谋使对方对我方言听计从，是件难事。

战国时，齐王的夫人死了。齐王有七个妾，和他的关系都很亲密。可是夫人只能从中选一个，薛公想了解哪个妾最有希望被扶正，于是就献上七对样式和质量都有差别的耳环给齐王。

第二天，薛公在拜见时就观察那只最美的耳环给了哪一个妾。观察到以后，他就劝齐王立那个妾为夫人。齐王果然十分满意，夸奖薛公很能领会领导的意图。

这就是用礼物来试探的智谋了，虽然未发一言，却对齐王的心思洞若观火。

揣摩术就是通过别人表现出来的情况去了解他们掩饰的情况。

揣摩之后内部就有反应，这叫内符。揣摩最难，必须选择适当的时机，揣摩要趁对方特别高兴的时候，去使他狂热，于是无法掩饰内心的想法，从而揣出他的真情；或者趁对方特别恐惧的时候，去加重他们的恐惧，使其不能自持，于是露出实意。齐国孟尝君的门客冯谖，为了试探孟尝君的容人之量，曾三次弹剑作歌，最后才为孟尝君焚毁借据，买回仁义的美名；魏国信陵君的门客侯嬴，故意在市场上和屠狗者朱亥攀谈，以观察信陵君礼贤下士是否出于诚恳，最终为信陵君策划了窃符救赵的壮举。

其实，这都是"内符"与"外摩"相适应的道理。所以说，按着事物的不同特性来实施"摩"之术，哪有不发生反应的呢？根据被游说者的欲望而施行"摩"之术，哪有不听从游说的呢？

4 把揣和摩结合起来

人的情绪一旦变动，必然要表露出来，所以可通过人的外在表现来判断其内心的活动。

魏国的相国田需死了，秦国的张仪、齐国的孟尝君、韩国的犀首正在魏国做客卿，成为相国一职的热门人选。

所谓“客卿”，就是以客为卿，把来自其他诸侯国的人才委以重任，授予高级官员。它类似于现代社会上的“引进人才”。苏秦能够佩六国相印，实际上也是客卿制度的产物。

楚襄王的臣相昭鱼听到这个消息后，给著名辨士苏秦的弟弟苏代一笔钱，请他北上魏国，想办法劝说魏王不要让这三个人为相。苏代见了魏王，直截了当地说：“我刚从楚国来，楚国的昭鱼很关心魏国的相国一职由谁来担当。我对昭鱼说，您是一位经验丰富的国君，绝不会选中张仪、孟尝君、犀首中的任何一个人。”

魏王丈二和尚摸不着头脑，苏代胸有成竹地接着说：“如果张仪做了魏国的臣相，必然会将秦国的利益摆在魏国前面；同样，孟尝君做了魏国臣相，必然会将齐国利益放在魏国前边；而犀首做了魏国的臣相，又会把韩国利益放在魏国前边。大王心中了然，何必问我呢？”

魏王问：“依你之见，寡人用谁做臣相好呢？”

苏代胸有成竹地回答道：“依我看，不如用太子做臣相。这样，那三人必然会认为还有机会，也都会为了自己国家的利益而尽力服务于魏国，以便有朝一日掌握臣相的宝印。如此一来，魏国就相当于抓住了三个万乘之国来服务于自己，一定会平安无事的。”

魏王听后，果然让魏太子做了臣相。

人的情绪一旦变动，必然要表露出来，所以可以通过人的外在的情况来判断其内心的活动。揣摩的方法很多，可用正义责难，可用奉承讨好，可用愤怒刺激，可用名望威吓，可用行动逼迫，可用信义说服，可用利益诱惑，也可用谦卑来欺骗。

万事万物都有各自的规律，只要揣摩得当，好比抱着柴草向烈火走去，干燥的柴草就首先着火燃烧；往平地倒水，湿的地方就要先存水。这些都是与事物的性质相适应的。以此类推，其他事物也是这样的。

法家大师申不害开始受到韩王任用时，怕自己的主张未必能合乎韩王的心意。韩王问申不害：“我与哪个国家结盟才更好呢？”

申不害请求考虑一下再回答。他私下对赵卓、韩晁说：“两位先生都是能言善辩之士，但作为君主的臣子，所建议的何必都与君主意见相同？只要尽自己的忠心就行了。”

两人分别向韩王陈述了自己的意见，申不害暗中观察韩王对哪个人的意见感兴趣，然后向韩王进言。韩王非常满意，从此十分信任他。

鬼谷子是把“揣”和“摩”分开来论述的，但是在运用时却可以结合在一起。他在《反应》中说：“言有象，事有比，其有象比，以观其次。”就是说，语言有可以模拟的形态，事物有可以类比的规范，既有“象”和“比”的存在，就可以预见下一步的言行。

上面的故事中，苏代就是把揣和摩结合起来，抓住魏王有疑心病的特点对症下药，从而一举成功。

5 诱导对方说出真话

在对方最痛苦的时候，可以表示同情，让他说出真相；在对方遭到不公平待遇的时候，可以表示义愤，使对方因感动而说出真相。

了解对方内心世界的方法中，有一种与试探相类似的方法，那就是引导，即通过言语或行为，诱使对方走出他的那个“黑洞”，将自己真实的想法表露出来。

鬼谷子在《反应》中说：“以无形求有声，其钓语合事，得人实也。”意思是说，引诱对方说出的言辞，如果与事实一致，就可以刺探到对方的实情。可见，要得到对方的实情，“钓语”是绝对重要的手段。

鬼谷子提供的具体“钓语”方法是：根据他的嗜好来发现他的志向、思想。再试探性地驳斥他的言论，反复阐明自己的见解，从而探寻对方的真实情况，了解他的志向主张。如果对方闭口不说，要想法使他开口，以了解他追求的目的。然后，或者开口向对方表达自己的想法，或者沉默，以进一步试探对方。向对方表达自己的想法，是用赞同的办法使双方思想相合；向对方沉默，是用反对的办法来试探对方的诚意。

引导对方说出内心真实想法的方法有很多，在对方最高兴的时候，可以投其所好，让他说出真相；在对方最痛苦的时候，可以表示同情，让他说出真相；在对方遭到不公平待遇的时候可以表示义愤，使对方感动而说出真相。总之，要因人因时因情景而定。

钟会、邓艾攻破蜀国之后，钟会厚待蜀国的降将姜维等人。姜维看到这一情况，假意对钟会说：“听说你从淮南领兵打仗到如今，还从未失利过，晋王司马氏家族的兴旺昌隆，全是你的功劳

啊。如今你又安定了蜀国，你的威名震动当今天下，百姓们都认为你劳苦功高，司马氏已经对你的才智产生畏惧，你还能平安地回师吗？韩信在战争中没有背弃汉王刘邦，在和平时却遭到猜疑；文种不听从范蠡五湖归隐的建议，最终含冤自杀。难道他们是愚忠吗？不是，而是由于涉及自身利害而不得不那样做。现在你已经创立了丰功伟绩，为什么你不效法陶朱公驾一叶轻舟在五湖上隐居，保全自己的功劳和自身性命呢？”

钟会说：“你说的我做不到。况且目前的情况，也许还没有达到这一地步吧。”

姜维从中看出钟会的后半截话，笑着说：“至于其他方面，已经是你的才智和能力可以做到的了，就不用麻烦老夫我了。”

从此，钟会与姜维成为莫逆之交。在这个过程中，姜维针对钟会所采用的钓情方式很值得大家学习。

6 刺激对手暴露底牌

要想知道人心这个“黑洞”里究竟有些什么，最简便的方法就是用东西去刺激和试探它，使它在应对中暴露自己的真实情感和想法。

《鬼谷子·反应》篇中，对这种反激试探的智谋有系统深入的描述。这里的反应与我们现在常说的反应不同，它专指经过刺激使对手发生的变化。

所谓反激，就是运用激将法使人感情心念有所动，而按刺激信号行事。它是一种驾驭人、调动人的计谋手段，所以又称为激将计。俗话说“请将不如激将”，就是这个意思。

鬼谷子认为，别人说话是动态，自己缄默是静态，应以静测动。这一招也是纵横家独创的，它有自己的一套原则。它主张通过某种活动或言辞，刺激对方开口，再根据对方的话来分析其真意。假如有不清楚的地方或有不合情理的地方，再回过头来重新探求，从对方的言词中分析其下一步的言行，力争得到对方的实情。

要了解和掌握人的内心世界，就要适当地去测探。在《鬼谷子·飞钳》中也提到：“对那些用钩钳之语仍无法控制的对手，或者首先对他们威胁利诱，然后再对他们进行反复试探；或者首先对他们反复试探，然后再对他们发动进攻。”

可见，鬼谷子对试探之法是很重视的。人的内心世界是隐蔽的，有时就如同一个“黑洞”，什么也看不见，什么也听不见。因此，要想知道这个“洞”里究竟有些什么，最简便的方法就是用某种东西去刺激和试探它，使它在应对中暴露自己的真实情感和想法。

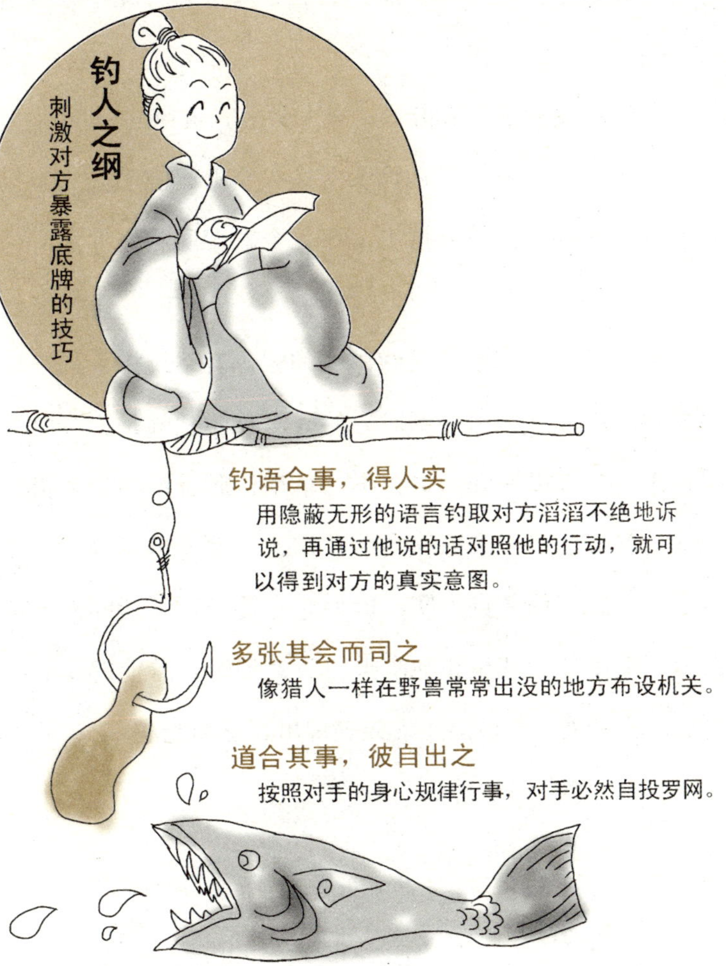

刺激的手段可以是言语，也可以是行为，但目的只有一个，那就是挑起被激人有所动，这种动可以表现为好奇、生气，可以表现为怒，也可以表现为其他感情。好奇也好，怒也好，羞辱也好，只要他按照我的意愿去行事就行。所以，行反激之谋的人能享受一种暗中观察人隐秘思想的快乐。

五代时南唐的赵王李德诚镇守江西，有一位算卦先生自称能一眼分辨出世人的贵贱。赵王让几个歌女与他的夫人一起站立在庭院中，她们的穿戴打扮完全一样，然后让那位算卦先生来分辨这些妇女的贵贱。

算卦人弯着身子进来说："夫人头上有黄色的云。"

那几个歌女都不自觉地仰头看夫人头上，唯独夫人自己微微抬头向上看。算卦先生马上指出，那几个歌女所注视的那一位便是夫人。

《鬼谷子》一书中对反激试探的智谋有系统深入的描述，称之为"捭阖"：捭是为了探测对方的虚实真假，阖是为了争取对方的真诚合作。前者以周详为贵，不可草率；后者以隐秘为贵，不可泄漏。这是以言语引导来探知真情。在这方面，也可以用一点逆向的考察手法，以探得一点虚实，比如对专爱说好听话的人，偏不听他的，偏不重用他，甚至让他吃点苦头，到时再看他的反应。恐怕多数人难过这一关，会说出实话或表现出真正的想法。

7 在恰当的时机反激

不仅在人最高兴时，就是在最恐惧时，也有机会捕捉真情。

《鬼谷子·揣篇》中指出："揣情者，必以其甚喜之时，往而极其欲也，其有欲也，不能隐其情；必以其甚惧之时，往而极其恶也，其有恶也，不能隐其情。"就是说，对那些情绪并不外露的人，要迂回包抄地进行试探，才可以得到实情。

在揣摩对方的真正想法时，十分重要的一点就是要抓住时机。鬼谷子在《揣篇》中列举了揣摩对方的两种有利的时机，一是对方最高兴的时候，二是对方最恐惧的时候。他说："必须在对方最高兴的时候，去鼓动他们的欲望。他们既然有欲望，就无法按捺住实情；又必须在对方最恐惧的时候，去加重他们的恐惧，他们既然有害怕的心理，就不能隐瞒实情。"

楚成王已经立商臣为太子，随后又想改立小儿子公子职。商臣听说这件事后，一时分辨不出这件事是真是假，就问他的师傅潘崇："怎样才能把这件事情查清楚呢？"

潘崇说："您可以用酒席招待楚成王的妹妹，也就是你的姑姑江芊。她与楚成王关系密切，一定知道些什么。在招待时您故意怠慢她，一定能试探出一些真情。"

商臣听从了他的意见，用很差的酒菜招待江芊，而且表现得很不礼貌。江芊果然一下子把桌子掀了，并尖着嗓子骂起来："你这个下贱的东西，难怪大王想废掉你！"

事后，商臣对潘崇说："改立这件事是确实的了。"

于是，二人立刻发动兵变，冲进王宫把正等着吃熊掌的楚成王

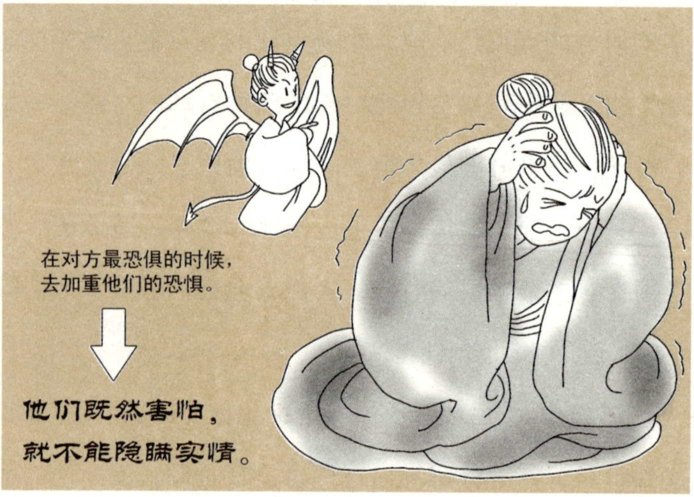

给勒死了。

这是故意激怒对方探得真情的智谋。它之所以奏效，是因为人的行为一般都是受理智控制的，人如果处在理智的状态下，别人一般很难捕捉到他的真实想法。然而人又有情感，有快乐，有悲伤，人处在非理性状态下时，才是最真实的。因为这时的他，没有经过任何的加工和伪装，是他的本来面目。因此，要想了解真实的人，自然是在他没有任何东西遮蔽的时候。

由此，我们可以推知，不仅在人最高兴、最恐惧的时候可以有机会捕捉真情，而且在人最悲伤、愤怒的时候，在他最需要保护和表现的时候，也都有机会可以捕捉真情。

阳山君在卫国当相时，他听说卫国国君怀疑自己，就装着批评卫国国君所宠爱的樛竖，从樛竖的反映中他摸到卫国国君对自己的态度。他用的方法也是反激的揣摩术。

鬼谷子说，用反应术来揣摩对方，就如渔人一样多打开一些网，等待鱼的落入。只要方法得当，把引诱之辞作为饵，不愁对手不说出来。如果拿着网迫使对方说出的情况还不够，就需要用模仿和比较的方法让对方将心里的东西都表达出来，进一步暴露实情，以便控制对手。要通过反反复复的刺激和对方的反应，掌握全面的情况。

这种方法在运用时，还有一些十分具体的小计谋。比如，要想让人家说话，反而自己沉默；要让对方敞开，自己先收敛；要使对方把话头提起来，自己先落下去；要想获得什么，先给对方点甜头。这些小计谋就是要解除对方的戒备心理，以便倒出实情。

此外，还需要通过比较排除假情况，要善于通过小事推测出大事；刺探情况要准确，要迅速；要先了解自己，才能更好地了解对手；要与对手把感情拉近，像声音和回响一样密切；观察对手的言辞时要认真，像磁石吸铁针一样；自己暴露给对手的东西要尽可能无关紧要，而得到的东西要尽可能地多而且迅速，而且有助于自己做出决策。

贰

量权

清晰地判断形势

1 量权让你洞若观火

善于把握形势的人，必然首先衡量各种力量的轻重，揣摩对手的实情。

鬼谷子在他的《权篇》中，把量权放在统治天下所必不可少的一个高度。他指出：古代善于把握形势的人，必然首先衡量天下各种力量的轻重，揣摩诸侯的实情。如果对形势分析不全面，就不可能了解诸侯力量的强弱虚实；如果揣摩诸侯的实情不够充分和全面，就不可能掌握事物发展变化的征兆。

战国时，秦国王稽奉命出使魏国，回国时，他偷偷带着范雎一同乘车到了湖关。这时，他们远远看见秦丞相穰侯带一队车马到东边各县城巡视。范雎说："我听说穰侯在秦国很专制，厌恶从其他诸侯国来的人才，我得藏进车里。"

一会儿，穰侯与王稽相见后便问："请问您这次是否同诸侯国的客人一起来的？"

王稽摇头，穰侯离去。范雎从车中出来说："穰侯是个很有智谋的人，但他判断事物要慢一些。刚才他怀疑车中有人却没有搜寻，过后一定会后悔。"

于是，范雎下车藏在别处。没过一会儿，穰侯果然派骑兵搜查。范雎才得以和王稽一同潜到秦都咸阳。

穰侯的一举一动都无法跳出范雎的预测，而范雎能做到防患于未然，使自己一直处于主动地位，就是因为能够把量权与揣摩结合在一起。

在春秋战国时代，像范雎这样善于胸怀天下的人，在平时已经

要了解对手的谋略大小，就要从他的团队入手，看他们平时筹划了多少有价值的谋略。

要想知道对手的财务能力，只要了解他身边人的生活水平就可以了。

要想知道对手的地位，只要考察他们在社会上的名声、担任职务的单位以及他在单位中的影响就可以了。

要知道对手的决策倾向，根据与他有亲密关系的人是否聪明以及他是否听从这些人的建议就可以了。

要观察对手的决策渠道，只要看看他采纳哪些方面的建议就可以了。

要观察对手的可靠程度，只要看他的交际圈子的稳定程度就可以了。

通过采集各方面的信息，来揣测诸侯各国的真实情况。他们会从人与事两个方面，掌握诸侯各国的外交内政情况。他们在揣测各个诸侯国的情况时，会不断对比审视人与事的变化情况，以便知道一些隐秘的事态，从而判断出其发展规律。

这里的重中之重，就是了解各诸侯国的当政者，从他们的表现入手，分析其优缺点和真实的才干，看他们采用了多少有价值的谋略，以及采用后的效果。

当然，量权所采集的信息，只是事物公开的情况。而加上实地实时的揣摩，就可以获得事物表面现象背后所隐蔽的规律。范雎在真正出山前的这一表现，说明他对秦国当政者研究之透彻，在这个基础上揣摩穰侯的举动，自然是洞若观火。

现有的形势是回顾过去、展望未来并最终做出决策的依据，因此必须进行清晰明确地了解和判断，所以鬼谷子强调说："牧之不审，得情不明。得情不明，定基不审。"

《战国策》中也指出："故事有简而成功者，因也。"也就是说，对于"形势"是必须顺因的，并且要敏感地抓住其中有可能发展壮大的微小因素，准确地分析其走"势"，甚至极为细小的事情也应该觉察："故观蜎飞蠕动，无不有利害，可以生事。变生事者，几之势也。"（《鬼谷子·揣》）

到了三国时期，诸葛亮能够在隆中规划三分天下的蓝图，在赤壁大战时与东吴联手以弱胜强，制胜的法宝就是通过"量权"对形势发展的准确判断。但是，在实施过程中，无论是依附刘表还是到东吴舌战群儒，都用到了精彩的揣摩之术。

2 会说的不如会听的

善听的第一步，是要懂得如何让别人说话。

商鞅投奔到魏国相国公叔痤的门下当了家臣。在相国府里做事的人，地位差别很大。商鞅的地位很低，仅仅比一般庶人高一些。

天有不测风云，公叔相国生了一场重病。当时的国君魏惠王，亲自到公叔痤家来探望。他见相国病势不轻，便问："您万一有什么不幸，我把国家大事托付给谁好？"

公叔痤回答得很干脆："我有个家臣，叫公孙鞅，我看您把国事托付给他就可以了。"

魏惠王听了简直不敢相信自己的耳朵，看公叔痤的表情才知道这不是一句戏言。这时，公叔痤又吩咐身边的侍从全都退下，他对魏王说："您如果不愿重用公孙鞅的话，也不要让他走出魏国，一定要把他杀掉。"

魏王回到宫中以后，对左右说："公叔相国确实病得不轻，说话都颠三倒四了，一会儿让我重用公孙鞅，一会儿又让我杀掉他。"

魏王走后，公叔痤心里有些不安，他把商鞅找来，将他跟魏王说的话都告诉商鞅。商鞅笑着说道："国君不因您的推荐任用我，又怎能因您的话杀了我呢？"

公孙鞅没有离开，也没有被害。因为他知道，惠王不是一个从谏如流和果断的人，因此他绝不会听从别人意见来杀他。

在揣情的方法中，最基本的要算善听。中国人有一句话，叫做会说的不如会听的。在鬼谷子看来，口为心灵的门户，人的一切意志、情绪皆由这门户出入，所以要了解人的思想、意志和情感，首

（出现和自己的预想有不相吻合的地方，不能穷追不舍）

先就得善于听别人如何表达。一切事情都可以通过说话反映出来，善听者一定会听到许多他想要听的情况。

善听的第一步是要懂得如何让别人说话。鬼谷子在《反应》篇中这样说，要想了解别人的情况，必须让别人处于多说的状态。别人说得越多，传达的信息也就越多，自己说得越少，暴露给别人的就越少。所以说，懂得让别人开口，而自己缄默，也是一种艺术。

善听的第二步就是分析。如《鬼谷子·反应》篇中提到的“因其言，听其辞”，即根据别人的言谈，来听他的辞意，也就是说在别人所说的事情中，找出他关心的是什么，他回避的是什么，他爱什么、恨什么，他说的，什么是真的什么是假的，然后找出什么对你是有用的，是你最关心和最需要的。

有些人是不会轻易把自己和盘托出的，在跟你谈话之前，他可能对他所要说的已经进行过仔细的思索和安排。在这种经过思索和安排的谈话中，你肯定不会找到太多自己感兴趣的和所要的东西。

3 正话是需要反听的

"反听"法，就是从反面听别人的言论，正话反听，反话正听，从而得到想要的信息。

鬼谷子在善听的揣摩技巧中，特别提到了一种"反听"法，即从反面听别人的言论。也就是正话反听，反话正听，这样才能得到想要的信息。

楚国有个人因为房地产纠纷打官司，三年了还没有判决。他就请楚相国昭奚恤的一个门客出面，去买那套房子，昭奚恤回答："这个人不应当判罪，所以他的房子不能卖给你。"

也许是人本能的防范意识在起作用，有的人所想的与他所说的有很大的距离。有的人所想的、所决定要做的往往与他所说的恰恰相反，还有一种更可怕的人，他恨你、想方设法地要害你，可嘴里说的却是亲近你的话。如果你能够从别人的言谈中听出隐藏在他言辞背后真实的意图，那么你就可以避免很多的灾祸，这大概就是"反听"法带给人的最大的好处了。

吴国战败了越国，越王勾践被困于都城会稽（今浙江绍兴）。上天无路，入地无门的勾践叹息说："我真的要命丧于此了吗？"

大夫文种安慰他说："当年商汤被夏桀囚禁在夏台，周文王被商纣囚禁在羑里，晋文公重耳为公子时，受到骊姬的谗害，出逃戎狄，齐桓公为公子时曾到莒国避难，但最后都成就了王霸之业。由此看来，你今天的处境，怎么能知道不是将来转祸为福的开端呢？"

勾践在获得吴王夫差的赦免后，决心向吴国报仇雪耻。大夫文崇高的道，好似卑下的川谷。
最光彩的，好似卑辱。
最大的德，好似不足。
最刚健的进取，好似怠惰。
质朴真纯，好似不能坚持。
最方正，好似没有棱角。
贵重的器物总是最后制成。
最大的形象，好似无形。

最圆满的，好似欠缺。
最充实的，好似空虚。
最正直的，好似枉屈。
最灵巧的，好似笨拙。
最好的口才，好似不会辩说。
明显的道，好似黯昧。
前进的道，好似后退。
平坦的道，好似崎岖。

如果一个人的语气宽缓柔和，神色恭敬而不谄媚，行礼后言，常常主动表露自己的不足之处，这样的人反而可以结交。

如果一个人说话盛气凌人，话语上总想占上风，想方设法掩饰他的不足和无能之处，这种人反而一无是处而不可结交。

仲献计说："据我观察，吴王在政治上已经非常骄横了，请你让我试探一下。"

于是，越国就用向吴国借粮来试探吴王的态度。伍子胥劝吴王不要借粮给越国，可是吴王不听，硬是借给了越国。伍子胥说："大王不听我的劝阻，今后三年之内，吴国必然成为一片废墟。"

太宰伯嚭听了这话后，向吴王进谗言说："伍子胥外貌忠厚，实际上是个残忍的人。他对越国这么残忍，将来对大王一定不会忠诚。"

不久，吴王便杀了伍子胥。

任何一种信息，都可以从反面来理解。文仲可谓是善于反听的智者，可是伍子胥一世英雄，却不明白这个道理，终于不得善终，所谓江山易改，禀性难移，他也算得上是性格决定命运的一个例证了。

4 根据历史经验判断

历史上所谓的料事如神，并不是凭空“顿悟”出来的能力，而是首先通过对事物的深刻了解。

承德避暑山庄有一座康熙帝亲自命名的建筑，叫四知书屋。所谓四知，就是“知柔、知刚、知微、知彰”，这八个字是深得揣摩术精要的。

鬼谷子说：同声相呼，实理相归。同类的声音可以彼此呼应，合乎实际的道理会有共同的结果。所以说，历史永远是一块明镜，我们可以在过去、现在中找寻出未来的踪迹。

古人说：人莫鉴于流水，而鉴于止水。正在流动的水，有时是无法照出任何相貌的；但是静止的水，却像一面镜子，能够真实坦白地反映一切事物发展的规律，而历史就是这样一面镜子。所谓“明镜止水”，以宁静坦诚的心态向我们提示过往和未来的一切事物的真相和境界。

三国时期，何进与袁绍谋划诛杀太监，何太后不同意。于是何进想召董卓带兵进京，以兵力来胁迫太后。

曹操听说后，冷笑着对人说：“宦官古今各朝代都有，但当世之主不应该给他们权力和宠幸，使他们到这个地步。治他们罪时，应当诛杀元凶，这只需要一个武士就够了，何必纷纷召外将呢？想杀尽宦官是不可能的，此事一定会败露。”

果然，董卓还未到，何进已被宦官所杀。

我国清末思想家魏源认为，智慧的真正来源是自己和别人的实践，而不是死的书本。他有一个很形象的比喻：“披（即阅读）

“知柔、知刚、知微、知彰”，这八个字深得揣摩术精要。

五岳之图以为知山，不如樵夫之一足；谈沧溟之广以为知海，不如估客（指海外贸易商人）之一瞥；疏（即注释）八珍之谱（名贵菜谱）以为知味，不如庖丁之一啜（品尝）。”

每个人经历的事情可以作为判断的依据，然而人的一生毕竟有限，要想在遇到问题时举一反三，还必须从历史的经验中学习。历史上所谓的料事如神，并不是凭空“顿悟”出来的能力，而是通过对历史事物的深刻了解，把握事物发展规律，因此能正确预测所面对的事物背后的发展趋势和结局。

把握历史，对于摩意也是十分重要的一环，即根据已经了解和把握的情况推侧出事物未来发展的状况，探寻出事物的真实本质。然而物以类聚，人以群分，按照一定的规律，从同气相求的角度认识它，将心比心，将事比事，就一定可以根据过去预测未来，根据同类事物的发展得出结论。

上面的例子是从人生和历史的经验中推断出的正常结论，其前提是历史的相似性。但另一方面，要真正探知事情的真相，也必须发现其不同寻常之处。

晋国的智伯要攻打卫国，就先送给卫国君王400匹野马和一块玉璧。卫王大喜，大臣们纷纷祝贺，只有南文子面露忧愁。

卫王发现后感觉奇怪，南文子说："无功而受赏，没有出力而得到礼遇，不能不弄清对方的用意。野马四百，玉璧一块，这是小国给大国送礼的规模，而今是大国送给小国，大王您要警惕呵！"

卫王认为他的话有道理，于是让边境驻军戒备。不久，智伯果然起兵袭击卫国，见其已有准备，就返了回去。

鬼谷子在《反应》中一开始就说："反以观往，复以验来；反以知古，复以知今；反以知彼，复以知己。"就是说，未来、现在、自我都可以在过去、在古代、在他人那里找到彼此的踪影。了解了过去就可以知道未来，了解古代就可以知道当今，了解他人也就能知晓自己，这都是事物的共同规律在起作用。

5 把握对手心理特点

除了对于形势审慎地把握和对于相关人物的心理敏锐洞察外，巧妙的策略思维无疑是最强大的动力来源。

在生活中，有一些事情表现得很明显，明眼人一下子就能看得清楚；有些事情却深藏不露，尤其是那些与人的利害欲望相连的东西，而这些深藏不露的东西，就往往是我们真正想要的实情。所以，对收集得来的情况，必须经过由表及里、去伪存真的揣测过程，否则极有可能得到的是假信息。

春秋时，晋献公准备出兵攻打虢国，向大夫荀息问计："我想攻打虞国，虢国就会救虞；若攻打虢，虞又要援救虢，这怎么办呢？"

荀息说："虞君生性贪婪，您可以把屈地产的好马和垂棘产的名贵玉石赠给他，向他借路去攻打虢国，我想他会答应的。"

晋献公有些犹豫地说："垂棘玉石是我祖传的宝贝，屈产宝马是我心爱的坐骑。如果虞君收下了我的这两件珍贵礼物，却仍然不肯借路给我，那怎么办？"

荀息分析道："虞君如果不肯借路，他定然不敢随便收下我们的礼物；如果他收下了玉石和宝马，就一定会借路给我们。至于这两件宝贝，这不要紧，只不过是暂时寄存在那里罢了，迟早是要归还的，将垂棘玉石放在虞国，就好比从内室移到了外室；而将屈产宝马放到虞国，也就好比是从内马圈牵到了外马圈一样。到时候，您如果要把这两件宝贝取回来，那还不容易吗？"

献公又想起一件事："虞国的智者宫之奇还在做官，他一定会

头脑聪明却性格懦弱，
年岁只比虞君稍稍大一点点。

A：头脑聪明而含而不露的人，说的话一定简略

↓

B：性格懦弱的人一定不会坚持己见

↓

C：他仅比国君大一点，国君一定不会看重他

↓

（A＋B＋C）

虞君不会采纳他的劝谏

提不同的意见，阻拦这件事。”

荀息说：“宫之奇头脑聪明却性格懦弱，而且年岁只比虞君稍大一点。头脑聪明而含而不露的人，说的话一定简略；性格懦弱的人，一定不会坚持己见；他仅比国君大一点，国君一定不会看重他。况且这么好的东西摆在眼前，而祸患在视野之外，只有具有中等智慧以上的人才能考虑得如此远。不过我估计，虞君的智力在中等以下。”

晋国的使者到了虞国，宫之奇果然向虞君进谏说：“俗话说唇亡齿寒，虞国和虢国是互相依赖、互为屏障的。晋国今天可以从我们这里借道攻虢国，那么明天就可以从虢借道攻打我们，如果虢灭亡了，我们也就跟着灭亡了。”

虞君不听，坚持把道路借给晋国。晋国灭掉虢后，果然反过来攻打虞国。虞君只得抱着璧玉、牵着骏马向晋国投降。

荀息是一位能够因事见性的明眼人，与他相比，不要说虞君，连宫之奇都逊色多了。他们的一举一动都不出荀息的预料，怎么能不失败呢？在纵横家看来，除了对于形势审慎地把握和对于相关人物心理的敏锐洞察外，巧妙的策略思维无疑是最强大的动力来源。

6 用变化的眼光看问题

在不同的环境里，情势就会不同，人的表现也是不同的，甚至迥然相反。

在不同的环境里，情势就会不同，人的表现也是不同的，甚至迥然相反。我们万不可为一时一地的表现而迷惑，凭着特定环境里的表现，而断定一个人的品质。

以俭朴和谦恭这种品质来说，贫穷的人无须学习就很俭朴，卑贱的人无须学习就很谦恭，这不是他们的道德修养，而是由他们所处的地位环境所决定的。所以要知道一个人是不是真正的俭恭，只有当他富贵了以后才能鉴别出来。这就提醒我们，不可把人在不同形势下的表现混为一谈，要用变化的眼光来看问题。

蔺相如曾经是宦官头领缪贤的门下食客，缪贤一次闯了祸，找来相如商量。

事情起因是这样的。缪贤偶尔买到一块白润无瑕的玉石，他让玉匠前来一看，原来是和氏璧。

缪贤异常惊喜地珍藏起来。但早已有人将此事报告了赵惠文王，于是赵王向缪贤借来看看。缪贤知道，只要和氏璧一借给赵王，就是肉包子打狗——有去无回，所以没有给。

结果，赵王趁缪贤出猎之机，突然来到缪贤家里，翻箱倒柜把和氏璧搜走了。缪贤十分害怕，准备要逃到燕国去。蔺相如问："您怎么知道燕王可靠呢？"

缪贤说："我曾随赵王与燕王在边境上会见，燕王私下握我的手说：'我愿与你结为朋友。'因此我想去他那里。"

相如劝他道：“那时赵国强，燕国弱，而您受到赵王的重用，所以他为保持住宠幸想结识您。如今，您是从赵逃到燕，燕一向怕赵，一定不敢留您，而要把您押送回赵。您不如袒胸背斧到赵王那去请罪，才会幸免。”

缪贤采纳了相如的计策，终于得到了赵王的原谅。当然，和氏璧的事儿也就不敢提了。从这件事看出，蔺相如已洞彻到了人情的细微隐蔽处。

类似的故事也发生在春秋末年晋国的中行文子身上。

当时，中行文子获罪于国君，被迫流亡在外。有一次，经过一座小城时，他的随从提醒他道："主公，这里的官吏是您的老友，为什么不在这里休息一下，等候后面的车子呢？"

中行文子答道："不错，从前此人待我很好，我有段时间喜欢音乐，他就送给我一把鸣琴；后来我又喜欢佩饰，他又送给我一些玉环。这是投我所好，以求我能够接纳他，而现在我担心他要出卖我去讨好敌人了，我们赶紧走。"

果然，这个官吏派人扣押了中行文子后面的两辆车子，献给了晋王。

因此，根据情势来判断对方的想法以及他对自己的看法，是施展谋略的前提。

7 魔鬼在细节处隐藏

根据事物的细节探索出与之有关联的重大事物，也是揣摩术的一项重要内容。

鬼谷子在《摩篇》中十分重视摩意的隐秘性：摩意犹如钓鱼，要把钓钩藏在饵食中，让对方只见饵食，不见钓钩，要让对方不知自己是在揣摩他的内心世界，这样才能探出真情。

如果一个人说得非常动听，而表情与言语很不协调，其心中一定有不合情理的地方；如果一个人语无伦次，可是底气十足，神色又很诚恳，那是因为他不善言辞，实际上并没有什么可疑的用心；没有说话就怒形于色的，是因为太愤怒了；言语和怒气同时喷发的，是这人急于要强迫别人改变他认为不对的事情。凡此种种，虽然对方想竭力遮掩，但内心的真实活动与外在的对应表现却总难随意支配。即便是受到了威吓或惊恐，临时改变他的面孔，仍然骗不了人。

公元前453年，掌握晋国国政的几个权臣发生争斗，智伯联合韩康子、魏桓子发起对赵襄子的战争。在战争过程中，智伯曾决水淹晋阳。当时，智伯巡行看水势，魏桓子和韩康子与他同车前往。智伯说："我今天才知道水也可以消灭一支大军啊！"

魏桓子以胳膊肘碰了碰韩康子，韩康子用脚踩了踩魏桓子的脚背，两人不约而同地想到，汾水可以淹灌魏的都邑安邑，浲水可以淹灌韩的都邑平阳。回来后，智伯的族人智过对智伯说："韩、魏必定会反叛我们！"

智伯说："您怎么知道呢？"

智过回答说："我们领导韩、魏一起攻赵，而赵亡，必祸及韩、魏。现在约定了胜赵后要三分其地，但在降赵已经指日可待的

宏大是从细微那里来的，认识宏大应该从细微开始。所以，要预知未来，需要从细微处着手。

细节中的真相

说得非常动听，而表情与言语却不协调

➡ 心中一定有异动

人语无伦次，可是底气十足，神色又很诚恳

➡ 不善言辞，用心并不可疑

没有说话就怒形于色的

➡ 积怨已久，怒火中烧

言语和怒气同时喷发

➡ 急于强迫别人改变他认为不对的事情

时候，他二人看着水流却忧虑重重，没有一点儿欢喜的表情，这不是反叛还是什么呢？”

第二天，智伯把智过的这些话告诉了魏桓子和韩康子，他二人连连辩解。魏桓子和韩康子出来后，智过进去见智伯说：“大王怎么把我说的话告诉他们了呢？”

智伯说：“您怎么知道呢？”

智过回答说：“我见他们看到我时，脸色严肃而急速离走，这是他们知道我已得知他们的实情的缘故。”

战争进行到最后关头的时候，赵襄子已经岌岌可危，于是派宰相张孟谈以朝见智伯为名而私会韩、魏二人，劝说二人联合攻智伯。计谋既定，张孟谈又拜见智伯探听虚实。他出来时，在辕门外被智过遇见。智过进去见智伯说：“魏、韩两家将有变化。”

智伯问：“怎么会呢？”

智过说：“我刚才在辕门外遇到张孟谈，他显得很傲慢并且面露得意之色。”

智伯说：“不对吧？我已与魏桓子和韩康子约好了，打下赵后就三分其地，他们一定不会欺骗我，你不要瞎说。”

于是智过就去拜见魏、韩二人，回来对智伯说：“魏、韩二人色动意变，一定将不利于大王。不如现在收拾他们！”

智伯说：“我们兵驻晋阳已三年了，早晚就要攻下赵而分享好处，怎么能有其他的心思呢？你不要再说了。”

智过说道：“如果不杀，就快去拉拢他们。”

智伯问：“怎么拉拢呢？”

智过说：“魏桓子的亲信谋士叫赵葭，韩康子最信任的谋士叫段规。这两个人都是能改变君主的意见的。大王应当与他们约定，破赵以后就封二人每人一座万户的城池。这样，魏、韩二人之心可以不变，而大王就能得到您所想要的了。”

智伯犹豫不决地说：“破赵后要三分其地，现在又要分给他们两人各万户之城池，那我得到的就更少了，不能这样！”

智过见自己的计谋不被采纳，就带着全家逃走了，并改姓辅氏。

张孟谈听说，就去见赵襄子，说：“我在智伯的辕门外遇见了智过，从表情看他对我有了怀疑。他进去见智伯，出来后就逃走了。所以我怀疑，今天晚上如不攻智，必有后患。”

赵襄子点头，派张孟谈去见魏、韩二人，晚上杀散守堤官兵，放水淹智伯的军队，活擒了智伯。

手下有智过这样远见卓识的贤能之士，智伯这个糨糊脑袋却不知道善用，只落得人头落地、土地被赵、魏、韩三分的结局了。

20世纪世界最伟大的建筑师之一的米斯·凡·德罗，在被要求用一句话来描述他成功的原因时，他只说了五个字：“魔鬼在细节。”他反复强调，不管你的建筑设计方案如何恢弘大气，如果对细节的把握不到位，就不能称之为一件好作品，细节的准确、生动可以成就一件伟大的作品，细节的疏忽也可打败一个宏伟的规划。

同样的道理，根据事物的细节探索出与之有关联的重大事物，也是揣摩术的一项重要内容。

《鬼谷子·抵巇》中说：“经起秋毫之末，挥之于大山之本。”万事万物在开始时，就像秋天的鸟毛一样细小，可是一旦发展起来就像泰山一样宏大。可见，宏大是从细微那里来的，认识宏大应该从细微开始，当事物一旦已经发展到像泰山一样宏大时，它就已经是既成的事实而被人所知并无法改变了。所以，要预知未来，需要从细微处着手，能做到这一点的人是很少的。无怪乎鬼谷子慨叹：“事之危也，圣人知之。”

8 动作和表情的信息

人的心气虽然隐藏在内心深处，但可以通过人的脸色去把握它。

鬼谷子的揣摩之术就是了解对手心理状态和行为态度的谋策。善于揣摩的人，一方面能准确地把握对手态度，因情而用、因势利导，另一方面又能巧妙地隐藏自己。

揣摩中最重要的一点，就是要有分辨能力，鬼谷子把它称之为“树明”。这是因为，无论是“听”，还是“看”，其中都掺杂着虚假的东西，良好的分辨能力有助于你区分什么是真、什么是假。在分辨真假中，首先要做到听其言、观其行。言行相符则为真，言行不符则为假。

《玉钤经》上说，内心的情感可以从脸色上揣测出来，它指出：“人内心高兴，脸色就显得轻松；心中生气，脸色就变得轻慢；心存私欲，脸色就露出轻薄；心怀恐惧，脸色就现出畏葸；心有忧思，脸色就现出静穆。”

在纵横家的揣摩术中，看是最基本的方法之一，鬼谷子把它称为“长目”。“人的嘴是关键，是用来打开和关闭感情和心意的，耳朵和眼睛是心灵的辅佐，是用来侦察的器官。”这是鬼谷子在《转丸》篇中所说的。在鬼谷子看来，眼睛和耳朵一样，也是揣情的重要工具。只不过听来的往往不如看来的，正所谓耳听为虚，眼见为实，依靠观察得来的情况，往往要比听来的要准确、真实得多，所以，会看有时比善听更重要。

看首先是要注意观察所看对象的表象，从他的动作、表情、

从眼睛视心理

- 遥视远处的人，不关心当下的话题，正算计他事，想尽快结束这一话题。
- 眼神忽东忽西，心不在焉或心有他用，有自卑感或想欺骗你。
- 瞪着对方不放时，有所隐瞒，生硬地筑起防线，生怕被识破。
- 避开异性的视线，是关心对方，追求欲望强烈，正寻找良好的表现方式。
- 四处张望，说明一有机会就立刻会转移目标，这说明他已经心不在焉。
- 锐利直视，怀有不信和警戒心，甚至可以理解为怒气的初兆。
- 直视对方眼睛打招呼，意欲立于对方更优越的地位。
- 逃避对方眼光打招呼，有自卑感，性格腼腆，为人处世谨慎小心。

从动作看性格

摇头晃脑	托腮
掰手指节	两手腕交叉
腿脚抖动	摸弄头发
拍打头部	手放在嘴上
摆弄饰物	手握手臂
耸肩摊手	靠着某样东西
抹嘴捏鼻	到处张望
常常低头	边说边笑

情绪等观察他的内心想法。齐桓公早朝时与管仲商量要攻打卫国。退朝回宫后，一名从卫国献来的妃子看见了他，就走过来连拜了几拜，问齐桓公卫国有什么得罪他的地方。

齐桓公很惊奇，问她为什么这样问。那个妃子说："我看大王您进来的时候，脚抬得高高的，步子迈得大大的，脸上有一股杀气，这都是要攻打某个国家的迹象。而且大王看到别人没有什么表示，看到我，脸色却突然变了，这明显是要攻打卫国。"

第二天早朝时，齐桓公冲着管仲作了一个揖，让他进来说话。没等桓公开口，管仲就问："大王不想攻打卫国了吗？"

齐桓公惊讶地问管仲："你怎么知道的？"

管仲回答："大王上朝的时候，向我作了一揖，并且很谦恭，说话的声调也缓和，见到我时面有愧色，所以我知道大王一定是对昨天商议的事情改变主意了。"

这个故事并不是说齐桓公身边都是人精，而是指出：人如果内心有想法，就一定会在外表上有所表露，不过因为修养和个性不同而程度不同而已。因此，通过察言观色能知道人的心思，是因为人的心气虽然隐藏在内心深处，但可以通过人的脸色去把握它。

9 察色与听气的方法

声有刚柔清浊，听声音能体察发声之物的气质，再追索其目的，对其内心活动就可以有所了解了。

有个大臣向梁（魏）惠王推荐了淳于髡。惠王屏退身边的侍从，两次单独接见淳于髡，可是他始终一言不发。

惠王感到很奇怪，就责备那个大臣。大臣把惠王的话转告了淳于髡，淳于髡说："我前一次见大王时，大王的心思全用在相马上；后一次再见大王，大王的心思却用在了声色上，所以我沉默不语。"

惠王听了大臣的回话十分惊讶，说："哎呀，淳于先生真是个圣人啊！前一次淳于先生来的时候，有个人献上一匹好马，我还没来得及相一相，恰巧淳于先生来了。后一次来的时候，又有个人献来歌伎，我还没来得及试一试，不巧淳于先生又来了。我接见淳于先生时虽然屏退了身边侍从，可是心里却想着马和歌伎，是这么回事。"

第三次，淳于髡见惠王，两人专注交谈了三天三夜，毫无倦意。

古人的"察色"之法说：真正聪慧的人总是那样明朗、坦然；真正仁厚的人一定有让人敬重的神色；真正勇敢的人一定具有自负奋发的神色，透露出士可杀不可辱的信息；质朴的神色浩气凛然，坚强而稳重；伪装的神色游移不定，让人烦躁不安。

除了察色，古人还总结出一整套"听气"的方法，认为声音处在一个实体中，阴阳二气产生物质，物质就会生出声音，声有刚

聪慧的人有明朗、坦然的神色

仁厚的人有温柔、宽容的神色

勇敢的人有不受胁迫和自强的神色

忠诚的人有安然自若的神色

高洁的人有不屑流俗的神色

有节操的人有能承受信任的神色

人的内心情感，一定会从其言谈神色上显示出来。

心气粗糙散漫的人，声音沉重飘浮

心气周详谨慎的人，声音平和节制

心气鄙陋乖戾的人，声音粗杂尖利

心气宽缓柔顺的人，声音温和圆润

《人物志》说：
人有精气，精气如果内在实有，就一定会表现出来。
声音处在一个实体中，阴阳二气产生物质，物质就会生出声音。声有刚柔清浊，听声音，体察发声之物的气质，再思索其目的，对其内心活动就可以有所了解了。

柔清浊，听声音能体察发声之物的气质，再追索其目的，对其内心活动就可以有所了解了。这样就可以根据一个人的声音来判断其品质，辨别其内心活动。

“听气”的基本要点是，心气粗糙的人，声音一般会沉重而散漫；心气周详谨慎的人，声音就显得平和而有克制；心气鄙陋乖戾的人，声音粗野沙哑；心气宽缓柔顺的人，声音就温和圆润。讲信义的人心气柔和平易，讲义气的人心气从容不迫，和气安详的人心气简易随和，有勇气的人心气雄壮奇绝。

宋元公宴请鲁国大夫叔孙昭子，开始酒喝得很高兴。可是喝到最后，两人又突然伤感起来，说话的声音都沙哑了。当时乐祁陪宴，他退下来后对别人说：“国君和叔孙昭子今年恐怕都活不成了吧？我听说，该悲哀的时候却快乐，或者该快乐的时候却悲哀，都是丧失心志的表现，清爽的心志才有魂魄，现在他们的魂魄都不在了，怎么能活得久呢？”

就在这一年，叔孙昭子和宋元公真的相继去世。

《周礼·秋官·小司寇》关于断狱有五听的说法，就更为翔实和具体了：一是根据他的话来判断，其心不正，言语必然烦乱；二是根据脸色判断，心术不正则必因惭愧而脸红；三是根据呼吸来判断，其心不正呼吸必然气喘；四是根据犯人听别人说话的反映来判断，其心不正，听别人说话则精神不集中；五是根据犯人的眼神来判断，其心不正，则眼神散乱。

由此可以知道，人的内心情感，一定会从其言谈神色上显示出来。这在纵横家的著作中举不胜举，我们可以去研习。

叁

飞钳

左右对手的思路

1 摸透对方的心思

游说者要善于营造足以导致对手泄露其情的环境条件，察言观色，投其所好，从而达到操纵对方的目的。

在古代，多好的政治理想都必须经过君主之手才有实施的可能，因而操纵君主，就是实现自己人生价值的先决条件。

游说任何人，最重要的在于控制对方，掌握主动权，而不是被人控制，被人主宰。鬼谷子在他的《谋篇》中这样说："事贵制人，而不贵见制于人。"意思是说，无论是在你争我夺的政治斗争中，还是在唇枪舌剑的游说斗争中，纵横家们都要争取处于控制对方的地位上。

而做好"制人"的第一步，就是要进行"钓情"。

所谓"钓情"，钓的就是君主的隐情。尽管君心难测，但其喜怒好恶总会在一定的条件下显露出来，游说者要善于营造足以导致君主泄露其情的环境条件，察言观色，投其所好，从而达到操纵对方的目的。

孔子曾说："不看对方脸色就贸然开口说话的，就是瞎子。还没得到对方信任，就贸然提意见，会被认为是毁谤。"荀子也曾说："该讲话的时候，能恰到好处，就是智慧；不该讲话的时候，保持沉默，也是智慧。"

郑武公要讨伐胡人，却把自己的女儿嫁给胡人首领，并故意问群臣："我想发动战争，你们说讨伐哪个国家比较好？"

一个叫关其思的臣子说："可向胡人出兵。"

没想到，郑武公立马杀掉关其思，并且对外声称："胡人乃是我们亲如兄弟的邻邦，你却说可以讨伐，一定要杀了你。"

尽管君心难测，但其喜怒好恶总会在一定条件下显露出来，
游说者要善于营造
足以导致君主泄露其情的环境条件，
察言观色，投其所好，
从而达到操纵对方的目的。

胡人的国君听到后，认为郑国是亲戚从而不再防备。不久，郑武公便对胡人发动突然袭击，攻占了他们的国家。关其思的话并没有错，然而还是被杀。可见，重要的不是聪明或不聪明，而是了不了解对方。

韩非子曾经说过：游说者的困难在于，要了解你所要游说的对象的心理，然后投其所好；如果贸然用厚利去游说他，可能会被认为是志节卑下，那么对方对你不会好到哪里去。

尸子也曾经说：如果对方听你讲话的时候，眼神不专注，精力不集中，就不要向他讲什么有价值的话。

从这些先贤身上，我们可以得知，凡是要游说君主的人，一定要先摸清对方的态度。自古以来，成功的游说者都是这样做的。

2 了解对方的状态

在与人沟通时，一定要注意对方所处的位置以及当时的状态。

范雎从魏国逃到秦国后，认真分析了秦国的政治形势：秦昭王大权旁落，受到太后与四个当权大臣(包括其舅父穰侯)的控制；而昭王不愿意受这种控制，苦于没有人为他出谋划策。

于是，他向昭王上书说："语之至者，臣不敢载之于书；其浅者，又不足听也。"昭王体会到言外之意，于是派车把他接进宫内。昭王屏退了左右的人，然后请教说："先生何以幸教寡人？"

范雎只是回答："唯唯。"

过了一会，昭王再请教，范雎又是回答："唯唯。"

第三次也一样。昭王说："先生不教寡人乎？"

这时，范雎才开口说："我是外地来的小臣，不了解大王，而我要讲的话牵涉您的骨肉之亲和大臣，所以不敢轻易说。您害怕太后，又被奸臣控制，处境孤危，国家也危险，这就是我害怕的。我个人的生死不重要，如果我的死能够换来秦国兴盛，那比活着更有价值。"

范雎就这样诱导秦昭王说出了真心话："先生何必这样说呢？事无大小，上及太后，下至大臣，愿先生全都说给寡人，先生不要怀疑寡人的真心。"

范雎这才为昭王详细地分析了秦国的内外形势，并说："现在国外只知道秦国有太后和穰侯等四个当权大臣，且不知道有您这个国王。我担心下一个秦王不是您的子孙。"

于是，昭王下决心任用范雎为相，废太后，驱逐穰侯等四个

了解对方的状态

1. 朝天张望：对方不拿你当回事，甚或有偏见、看不起你。
2. 目光下视：对方缺乏诚意，甚至对你失去信心。
3. 坐立不安：谈好的事情可能变卦。
4. 挤眉弄眼：对方正处于思考问题的紧张状态。
5. 左顾右盼：有不轨之企图，或者心不在焉。
6. 目不斜视：想让你感到压力，喘不过气来。
7. 目不正视：不想让你捕捉到他的真实想法。
8. 未说先笑：对方轻视你的存在，不重视此次谈话。
9. 点头哈腰：可能是敷衍了事。

权臣，并且对范雎说："齐桓公得到管仲，尊称他为仲父。今吾得子，亦以为父。"

范雎充分运用了"欲闻其声，反默"的技巧，但他能控制秦昭王真正的原因就如同范晔所说："人假使塞滞困顾，他就很少顾虑自己的身家性命；人如果安逸顺利，那么他对自身安全的顾虑就多。那些刑徒，登上高山之巅也不害怕；而千金之家的孩子，因为怕瓦片堕落打伤，从来不坐在屋檐下。"

秦昭王的几位权臣中，有的已被封为王，有的已经达到将相的权位，可是他们苟图于自己的安逸享乐，不知道功高盖主会引来猜疑，也不懂得放弃权势来换取更久富贵。

正如谚语所说：抱有必死的心理就会存活，抱有侥幸存活的心理就会必死无疑。它启示我们，在与人沟通时一定要注意对方所处的位置以及当时的状态。

3 引导对方的思路

成功的说服者都是“他人导向”的，了解对方的需要，并且透过自己的言语来帮对方满足这个需求。

《鬼谷子》中介绍几种左右和控制对方思路的方法：如果君主自鸣得意而不接纳外人的建议，便使用“飞钳之术”，即用恭维赞扬的话语使对方上钩，这就是所谓的“飞之”；如果君主特地征召自己，便接受任命，实行自己的主张，这就是“迎而御之”；如果想要离开，便要心存戒惧地与君主结交，这就是“因危与之”。

总而言之，做人就要像圆环一样灵活转动，顺应对方情势的变化，使别人无法了解自己的计谋。其实，隐退往往也是一种保全自身的大法。

汉初，有一位曹丘先生，他很擅长辞令，和当地的太守窦长君交情不错。当时，以信守诺言而闻名的季布正在朝中担任将军，听说这事后，写了一封信给窦长君，说：“我听说曹丘先生是舌辩之士，人格并不值得尊重，希望您不要和他交往。”

后来，曹丘准备到长安去，就请窦长君写封信介绍他去见季布。窦长君为难地说：“季将军不喜欢您，您还是不要去见他了吧？”

可是曹丘一笑，说：“正因为如此，我才一定要去见他。”

窦长君没有办法，写了一封介绍信。到长安后，曹丘把这封信送给季布。季布接到信后勃然大怒，准备见到曹丘以后好好地羞辱他一顿。

曹丘见到季布后向他作了个揖，说道：“楚人有句谚语：‘得

语艺敏感度

第一，个别化地对待对方，至少应当传达出这样的欲望。
第二，随着对方的特点调整表达的内容，引用适当的例子。
第三，有意识地寻求对方的反应，并且给予回馈。
第四，根据对方的生活经验、生活语言，选择适当的素材与语言。

黄金百斤，不如得季布一诺’，您想过您是怎么在梁？楚一带获得这样的声誉的吗？”

季布表示不知道，曹丘说：“正因为您我都是楚人，我向天下人宣扬您的美名，难道我对您还不重要吗？您为什么这样坚决地拒绝我呢！”

季布顿时高兴起来，把曹丘作为贵客招待。曹丘三言两语就把季布掌握在手心里，可谓是深得纵横家心传的一个人物了。

成功的说服者都是“他人导向”的，了解对方的需要，并且透过自己的言语来帮对方满足这个需求。这样的说服者，便可称为对他人有语艺敏感度。

据说，语艺敏感度意指对于对方的态度。概括起来，主要包含下列各项：

第一，了解打交道的人是多样而且复杂的，应当个别化地对待对方。即使不可能真正全面地了解，至少应当传达出这样的欲望。

第二，要随着对方的特点调整表达的内容。美国总统大选过程中，政治候选人都会配合当地民众的特殊需求，引用适当的例子，给予特殊的许诺来说服对方支持自己。

第三，要有意识地寻求对方的反应，并且给予回馈。说服者响应对方的反应，让说服成为一种双向沟通的互动过程。

第四，适当的论证和言语表达，使得概念清楚呈现，并吸引对方的注意。具有语艺敏感度的说服者，会根据对方的生活经验、生活语言，选择适当的素材与语言，让对方简单、清楚地了解主题。

当然，注重语艺敏感度，并不是要求我们只说对方想听的话，它是指一种关于自我评估、分析对方和决策的过程。为什么要说服？什么程度的说服是对方可以了解和接受的？在兼顾感情与自我尊重之下，如何根据对方的偏好来说服？这些问题是需要我们敏锐地认知对方的需要、情境与自尊。

4 分析对方的得失

纵横家往往从利益关系入手，有意在对手和他方之间挑起利益之争，使之相互残杀，然后坐收渔人之利。

国与国之间是联合，还是对抗；人与人之间是朋友，还是敌人，关系从来都是不稳定的。亲睦的邻国会因为一时利益转眼间成为敌国，多年的朋友会因为一点好处转眼间成为仇敌。

战国时期，国与国在合纵与连横中摇摆。有合纵的，就有破坏合纵的；有连横的，就有破坏连横的。如何选择，只有一个原则——利益。纵横家往往从利益关系人手，有意在对手和他方之间挑起利益之争，使之相互残杀，然后坐收渔翁之利。

战国“四公子”之一的孟尝君被齐王罢官，他的门客冯谖说：“借我一辆可以跑到秦国的车，我就让您在齐国加官晋爵。”

孟尝君答应了。冯谖到了秦国向秦王说：“天下之士向西来秦的，无一不是想要使秦强齐弱的；向东入齐国的，无一不是要齐强秦弱的。齐秦两国你强我弱，决不并存。”

秦王问冯谖：“您看该怎么办才好呢？”

冯谖说：“使齐国受到天下敬重的，就是孟尝君。如今齐国罢免孟尝君的官职，他必定背离齐国，如果他入秦，那么齐国上至君王下至官吏的状况都将为秦国所掌握。您要是掌控了齐国，岂止是称雄呢？”

秦王听了，马上派遣十辆马车载着百镒黄金去迎接孟尝君。但是，冯谖抢在使者前面赶往齐国，劝说齐王道：“秦国与齐国你强我弱，势必不能同时称雄。我听说秦国已经派遣使者带着十辆马车

风险管理，是指如何在一个肯定有风险的环境，
把风险减至最低的管理过程。其中包括了
对风险的量度、评估和应变策略。

利害分析＝风险评估

风险的概率：通过资料积累和观察，发现造成损失的规律性。

风险的强度：假设风险发生，导致的直接损失和间接损失。

说服不同人的要点

说服智慧的人，凭的是见闻广博。
说服博学的人，靠的是善辩能力。
说服善辩的人，凭的是事理。
说服权贵的人，态度要轩昂。
说服富足的人，言辞要豪迈。
说服贫穷的人，要动之以利。
说服善战的人，用的是谦逊。
与勇武的人，要的是果断。
与愚钝的人，须锋芒毕露。
与上司说话，必须谈奇特的事来打动他。
与下属说话，用切身利益说服他。

载着百镒黄金来迎接孟尝君了。孟尝君如果西去秦国，那么齐国就危在旦夕了。大王为什么不赶快恢复孟尝君的官位呢？”

齐王听后，马上派人至边境等候秦国使者。秦国使者的车子刚入齐国边境，齐王就召回孟尝君并且恢复了他的宰相官位，同时还给了他原来的封邑，又给他增加了一千户。

这里冯谖所利用的，就是秦齐之间的利益对立。

另一位有名的纵横家田文，也很善于分析利害。田文先后被困秦国和齐国，很不愿意见到齐秦两个联手变强大。当时秦国派使者吕礼到齐国，准备东西联合，田文意识到这样一来自己的连横计划可能会被破坏。

于是田文写信给秦国穰侯，对他晓以利害：“秦齐联合，因齐为强国，则吕礼会被重视而得利，魏冉因被轻视、失宠而得害；如果穰侯说动秦助魏攻齐，那么您一方面可得到魏国送来的封赏，另一方面会因破齐而建功，还会因为能操纵魏国而受到重用。”

结果，在这样的利害关系面前，穰侯当然会劝说秦王攻齐，而不是联齐了。秦昭王被穰侯说动而伐齐，吕礼听说后一溜烟地从齐国逃跑了。

5 利用对方的感情

运用感情来打动、说服对手，是纵横家惯用的手段。

国与国、人与人之间的关系是密切，还是疏远，感情因素在其中起着很重要的作用。无论是平民百姓，还是国君大臣，都是有感情的，都有好恶爱憎。所以，感情会影响人们看问题的角度，会左右人的选择和行动。

运用感情来打动说服对手，是纵横家惯用的手段。

战国时，楚国的安陵缠（鲍彪说安陵君名坛，失其姓。《说苑》，坛作缠）是楚王的男宠，有位叫江乙的幕僚对他说："您对楚国没有丝毫功劳，也没有骨肉之亲，却身居高位，享受厚禄，人们见到您也都毕恭毕敬，这是为什么呢？"

安陵缠回答说："这不过是楚王错爱罢了，不然，我不可能有这种地位。"

江乙说："用金钱与人结交，金钱用完了，交情也就断绝了；用美色与人交往，当美色衰退了，爱情也就改变了。所以，爱妾的席子还没有睡破，就被遗弃了；宠臣的马车还没有用坏，就被罢黜了；您现在有独揽楚国的权势，可并没有能与楚王结成深交的东西，我为您非常担忧。"

安陵缠问："那可怎么办呢？"

江乙说："希望您一定向楚王请求随他而死，为他殉葬，这样，您在楚国必能长期保有荣华富贵。"

安陵缠说："我谨遵您的教诲。"

但三年过去了，安陵缠仍然没有对楚王说什么。江乙又来拜见

关注对方的情感，
就是把对手的情感和需求
作为交际的核心，
通过借助情感沟通，
来实现自己的目标。
多数人看重的除了利益的得失，
更有感情上的满足和心理上的认同。

他，说：“您没有照我说的做，既然您不采纳我的意见，那我以后就不来了。”

安陵缠说：“我实在不敢忘记先生给我的教导，只因没有遇到好机会啊！”

不久，楚王到云、楚地区游猎，一箭射死犀牛后仰天大笑，说：“今天的狩猎，实在太高兴了！百年之后，我又能和谁一道享受这种快乐呢？”

安陵缠泪流满面，上前对楚王说：“我在宫内和大王挨席而坐，出外和大王同车而乘，大王百年之后，我愿随从而死，在黄泉之下也做大王的席垫，以免蝼蚁来侵扰您，又有什么比这更快乐的呢！”

楚王听了大为高兴，就正式封他为安陵君。世人评价到：“江乙真算是善于出谋划策，安陵君真算是善于利用时机啊。”

江乙的善谋，在于他对人情冷暖和世态炎凉有着清醒的洞察和把握，他为安陵缠所献的计策，能取得国君的信任，是应对未来危机的完全之策。安陵缠为寻找时机而苦等三年，时机不到绝不出手，这种严格把握、选择说话时机的方法值得我们学习。

这就是为什么很多并没有什么能力的人仍可以在权贵的宠爱下呼风唤雨，而有才的人却有可能不被喜爱和重用的关键。纵横家就是这样经常通过挑拨对手和他们上级之间的情感，使对手丧失上级对他的亲近感，并厌恶他，从而挫败或消灭对手。

6 抓住对方的弱点

没有打不败的敌人，只要耐心地去发现他的弱点。

武侠小说或是科幻电影中，无论是炼成绝世神功的高手，还是刀枪不入的机器人，主角总是在被对手折磨得九死一生的时候，突然发现对方的弱点，找到克服的办法，一举击败之。所以说，只要耐心地去发现他的弱点，就没有打不败的敌人。

汉朝时，尉佗在南越称王谋反，高祖派陆贾给他赏赐印绶，封为南越王，并令他向汉朝称臣，服从汉朝的约束。陆贾到南越后，尉佗态度傲慢地接见了他。

陆贾不卑不亢地对他说："你是中原人，亲戚、兄弟、祖坟都在真定，现在你违反天常人伦，脱下汉朝的衣服而穿胡服，企图拿小小的南越同天子抗衡，你离祸患不远了。秦朝政治混乱，天下诸侯豪杰全都起兵反抗，只有汉王先入武关，据守咸阳。项羽背弃契约，自立为西楚霸王，诸侯都归附他，可以说是很强大的了，但是汉王从巴蜀兴起，横扫天下，制服诸侯，灭掉项羽。五年的时间里，四海平定，这不是人力所能办到的，而是上天的旨意。天子听说大王称王南越，不助天下人诛除暴虐的秦朝，本来是要动兵诛杀你的，但天子怜爱百姓近来劳苦，所以暂且休兵，派我授予你印绶。我作为天子的使者，大王您应当出郊迎接我，向北称臣。假如您想凭新近建立的羽翼未丰的南越独立为国，不归顺汉朝，汉人定会挖掘你先人的坟墓，灭了你的宗族，并派兵攻打南越，南越的人民也会杀掉您归降汉朝，这是易如反掌的。"

听到这里，尉佗赶忙站起身来，向陆贾道歉。

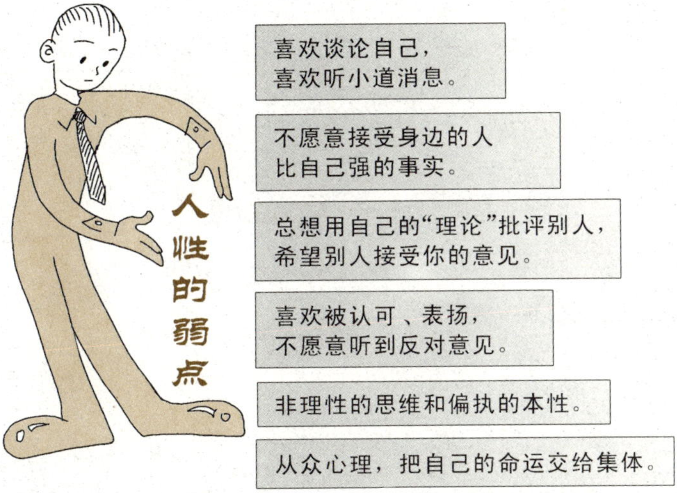

陆贾劝南越王尉佗降汉的一番话里正邪兼备，颇可玩味。南越王割据一方，拥兵自重，如果他真把汉的军事实力放在眼里，还不是早就归顺了？陆贾的高明之处在于说了这句话——“会挖掘你先人的坟墓，灭你的宗族”。如此做法，刘邦不怕，南越王却深以为忧，因而归降。

人在立身行事时不能只考虑自己，还有父母兄弟、妻子儿女等，南越王就是因为顾及这些才臣服的。这就是古人常说的“有所不忍者”。也就是说，每个人在心理上都有弱点，都有其割舍不掉的东西。这个东西有时是其亲情，有时是其友情，有时是其自尊。

不过，不论是什么，都可以作为对其进行操纵的武器。

很多人被骗失财，不是因为骗子有多聪明，而往往是因为自己太贪财；很多人被骗丢了性命，也不是因为对方有多狡猾，而往往是因为他自己先有了贪生怕死的念头。这些，都是利用心理弱点来操纵的规律所决定的。

7 激起对方的斗志

激将法，也就是古代兵书上所说的“激气”、“励气”之法和“怒而挠之”的战法。

如何说服别人行动呢？贪慕功名利禄的，可以利诱之；贪生怕死被抓到小辫子的，可以威胁之；无法威逼利诱的，则应该用激将法激起他们的斗志。

三国时，曹操南征刘表，正遇刘表病逝，刘表之子刘琮率部众投降了曹操。刘备到了宛城，才得知这一消息，于是仓皇南逃，却被曹军追杀打散。到了夏口，诸葛亮决定向孙权求救。

见到孙权后，诸葛亮说：“现在曹操消灭北方大敌，又攻陷荆州，威震四海。英雄无用武之地，所以刘豫州逃到了夏口。将军估计一下自己，假如凭吴、越之地的人马不能与曹军抗衡，那为何不放下武器，臣服于曹操呢？”

孙权问：“刘豫州为什么不去臣服曹操呢？”

诸葛亮说：“刘豫州作为皇室后裔，盖世的英才，贤士都很仰慕。假如失败，也只能是天意，怎么能臣服曹操呢？”

孙权十分激动：“我不能拿着整个东吴的土地和十万将士受制于他人！除了刘豫州再没有谁能与我共同抗击曹操了。”

孙权派周瑜、鲁肃跟诸葛亮去拜见刘备，携手共同抗击曹操。周瑜系江东主战派的核心，但是他与诸葛亮相见时，却故意反说宜降不宜战。

诸葛亮装作主张投降的样子，然后说：“我有一计，既不必牵羊担酒，纳土献印，也不必亲自渡江；你只要派一名使者，送两个

激将法要看准对象

激将法多适用于那些生活经验不太丰富且容易感情用事的人，对办事稳重或自卑感强、性格内向的人很难发挥作用，甚至可能导致怨恨。

激将法言辞有讲究

锋芒太露和说话刻薄都易形成对抗心理，而不痛不痒又难能让对方产生情感波动。所以，要注意言辞的“度”，既防止“过”，又避免不及。

激将法要注意态度

“激将”一般用言辞，而不是“态度”，切不可甩脸子、拍桌子，这不仅有损风度，还可能让对方产生厌恶。

人到江北给曹操，百万大军就会卷旗卸甲而退。”

周瑜问道：“哪两个人？”

诸葛亮说：“曹操是个好色之徒，曾经发誓说：‘我一愿扫平四海，以成帝业；一愿得江东二乔，置之于铜雀台，以乐晚年。如此，虽死也没有什么可恨的了。’可见，他率百万雄兵，虎视江南，其实不过是为得到这两个女子。将军若能将这两个女子送给曹操，必能送走曹操。”

周瑜按捺住怒火，面色平静地问道：“你如何证明曹操想得到二乔？”

诸葛亮说：“曹操曾经命他的小儿子曹植写了一篇《铜雀台赋》。其中‘揽二乔于东南兮，乐朝夕之与共’一语，就是想要得到江东二乔的意思。”

周瑜听罢大怒，站起来指着北方大骂：“先生有所不知，大乔是孙伯符(即孙策，孙权之兄，其时已死)之妇，小乔乃周瑜之妻，我与老贼势不两立，希望先生助我一臂之力。”

于是，二人遂订下联合抗击曹军的大计。

激将法也就是古代兵书上所说的“激气”、“励气”之法和“怒而挠之”的战法。它既可用于己，也可用于友，还可用于敌。激将法用于己的时候，目的在于调动己方将士的杀敌激情；用于盟友时，多半是由于盟友共同抗敌的决心不够坚定。

激将法要使用刺激性的语言，但出发点要正确，应体现对对方的尊重、信任，如果出言过于尖刻，会引起对立情绪，甚至让朋友反感。激将法用于敌人，务必找到并击中对方的要害，用否定性的言词刺激他、刺痛他，甚至激怒他，从而激发出平时不可能出现的巨大力量。

8 关注对方的立场

为使谈判双方都受益，可以运用创造价值的策略，使双方合作来取得更大的利益。

公元前630年，秦国和晋国联合进攻郑国。秦军驻扎在郑国都城的东边，晋军驻扎在郑国都城的西边。郑国大夫烛之武临危受命，半夜里缒城而出，来到秦营中。

他一见到秦穆公就伤心地哭了起来。秦穆公被他哭得心烦意乱，问道："你是什么人？深更半夜哭什么呀？"

烛之武说："我是郑国大夫烛之武，我哭是因为我们郑国快要灭亡了。"

秦穆公感到奇怪："你怎么要到我们军营里来哭呢？"

烛之武答道："我现时也是替你们秦国哭呀！"

秦穆公更好奇："我们秦国快要打败你们郑国了，你怎么来哭我们秦国呢？"

烛之武继续说："我们郑国的国土和贵国并不相连，我们在东，你们在西，中间隔着晋国。所以，我国亡了之后，只能被晋国占领。那时晋国就会比以前更强大，而贵国也就相对地显得比晋国弱了。替别人打仗争土地，最后又拱手送给人家，这合算吗？再说，晋国的侵略野心什么时候能够满足呢，它在东边灭了郑国，势力更加强大，难道就不想向西边的秦国扩张吗？"

秦穆公沉思不语。烛之武又说："您如果肯解除对郑国的包围，我们郑国从此一定心向贵国，做个东道主，贵国使者在东方道上经过的时候，郑国一定尽主人的责任，好好招待贵宾，这对你们

双方的立场不同，所追求的利益也不同，甚至互相对立，这是很自然的。

没有什么不利啊！”

秦穆公立即答应撤兵，并且和烛之武歃血立盟。秦军悄悄班师回国，还留下杞子等三位将军带领2000秦兵，替郑国守城。晋文公见秦穆公不告而别，也下令撤军。

双方的立场不同，所追求的利益也不同，甚至互相对立，这是很自然的。只考虑自己的利益，难免两败俱伤，即使能够达成协议，也无非是三种结果：以己方力量逼对方让步；彼此妥协；自己让步。这三种结果都有其不利的一面，无论是哪一种，都有违双方的根本利益。

因此，第一要务就是解决对立，改变“你失即是我得”的思维，从“零和博弈”谈判观念中走出来，探索使双方都受益的“创造价值”的途径。

为使谈判双方都受益，可以运用创造价值的策略，通过双方合作来取得更大的利益。为此，应该在坚持己见的对立之后，应超越自己的立场，共同确认必须面对的现实和共同利益，以诚恳的态度随时修正自己的行为态度和观念，以减少对方的对立心理，谋求双方的合作，最终达到自己的目标。

肆

捭阖

高效率地说服对方

1 一捭一阖，变化无穷

先要设法使对方“开”，然后再让对方“闭”。“开”是为了了解对方，“闭”则是坚定对方的立场。

《捭阖》是《鬼谷子》的第一篇，其字面意思为“开闭”，讲述的是试探对方的预存立场和喜恶的策略。

开，指敞开心怀发表意见，采取积极的行动。合，是以沉默的态度应变。对于一开一合的变化，《易经·系辞传》中说：“关起门来，幽静阴暗，收敛包容，就是坤，亦即阴。将门打开，大放光明，对外积极行动，就是乾，亦即阳。门的开闭，或者成为阴，或者成为阳，阴阳变化，无穷无尽，就是通。”

鬼谷子认为，一开一合是事物发展的普遍规律，因而也是进行游说活动最基本的和常用的方法。对此，唐代学者尹知章解释：“捭，拨动也；阖，闭藏也。凡与人之言道，或拨动之令有言，示其同也；或闭藏之令自言，示其异也。”也就是说，在游说当中要针对具体情况，或自己开口进行引导，使对方表示对自己的赞同，属于“捭”，即“开”的方法；或反之，自己保持沉默，不发表观点，而让对方表明他的真实想法，由此探察与自己观点的异同，即为“阖”，也就是闭藏。

秦始皇在丞相李斯等人的陪同下出游会稽山，途中病重，便叫赵高写遗诏给公子扶苏。遗诏还没来得及送出去，秦始皇就去世了。由于朝中没有事先立定太子，李斯唯恐有人借机起事，所以对外隐瞒了秦始皇去世的消息。

此时，秦始皇的长子扶苏因为屡次劝谏，被派到上郡的边境做

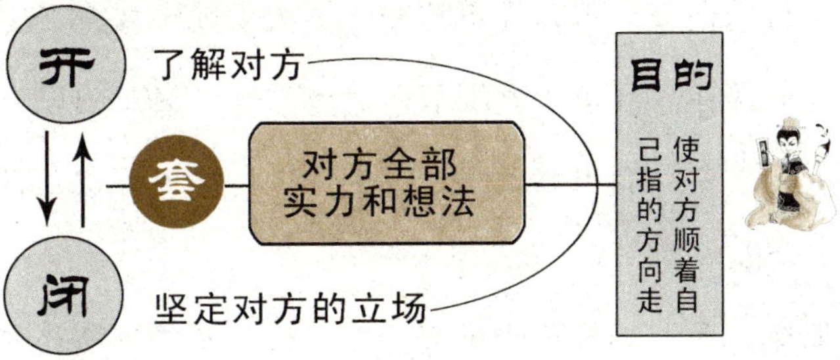

监军，而统帅大军的是蒙恬。

宦官赵高口才极好，善于雄辩，一直是秦始皇很赏识的人。因此，始皇临死时把宣布继承人为扶苏的任务交给了他。但是赵高自知不讨扶苏的喜欢，于是就扣留了遗诏，准备扶持胡亥。他找到胡亥说：“皇上去世，没有遗命封立诸子为王，只赐给了长子扶苏遗诏。等长子来到，就会立为皇帝，可是你连一点儿土地也没有分封到，该怎么办呢？”

在这里，赵高使用的就是让对方敞开心胸的策略：先隐蔽自己的想法，用话试探挑拨对手的思想深处。但是，胡亥装模作样地说：“我父亲当然知道哪个儿子应该嗣位，哪个儿子不应受封。他既然不下命令封赐诸子，我也没什么好说的。”

赵高继续引诱胡亥说实话：“话可不是这么说。现在天下的大权，就在你、我和丞相李斯手中。你为何要向人称臣而受制于人呢？”

胡亥有些犹疑：“废弃长兄而拥立幼弟，是不合乎道义；不遵从父亲的遗诏，阴谋篡位，是不孝；自己才能薄劣并不是治国之才。这三件都是违背道德，不被天下人所心服的。”

赵高说：“商汤、周武王弑君，天下人称之为替天行道，不算不忠。卫出公杀父，卫国人因此更欣赏他的德望，孔子还在《春秋经》中特别记载，不算是不孝顺。做大事就不要拘泥于细节，有能力就不要辞让。凡事只顾细节而遗忘大体，必有祸患；犹疑不决，必招灾害。要是能勇敢果断，放手去做，连鬼神也会害怕、逃避，这样必定能成功。”

听到这里，胡亥不再推辞，但他担心丞相李斯还蒙在鼓里。如果没有李斯的同意，谁敢修改遗诏呢？

此时，赵高见自己“捭”的策略成功，于是马上就用“阖”的策略来坚定对方的决心。他警告胡亥说：“时机是很要紧的啊！稍一迟缓就不允许你再作任何打算了。就像携带干粮骑着快马赶路一样，最怕的是耽误时机了。”

就这样，胡亥彻底被赵高说服了，一场惊天的历史阴谋拉开了序幕。

由上述的例子可见，在说服活动中，先要设法使对方“开”，然后再让对方“闭”。“开”是为了了解对方，“闭”则是坚定对方的立场。在开与闭中，“套”出对方全部实力和想法，使对方顺着自己指的方向走。这两方面必须密切配合，而不能顾此失彼。

2 截长续短，动静结合

捭阖术往往言利以劝说——此为长术，言害以威吓——此为短术，此即捭阖术的别名——“短长术”之由来。

一捭一阖，一阴一阳，其中蕴涵了传统文化中动静结合的哲理。

说服了胡亥，赵高即刻去见李斯，李斯不像胡亥那么容易被说服。李斯久经官场，对秦始皇忠心耿耿，而且掌握着军政大权。赵高问李斯：“皇上去世，赐遗诏给长子，叫他赶来参与丧事，到咸阳会齐，准备嗣位为帝。可是遗诏还没发出去皇上就驾崩了，现在只有你我知道此事，只要我们口径一致，就可改立胡亥为太子继承大统。你看怎么样？”

对于这些试探的话，李斯故作惊讶地说：“你怎么说这些罪及灭族的话？”

赵高早就对李斯的为人了如指掌，他知道李斯比胡亥要精明百倍，只有点中他贪恋权力的死穴才会有效果。于是他问道：“您的才能和蒙恬相比怎么样？您的功劳和蒙恬相比怎么样？您的谋略和蒙恬相比怎么样？您的人气和蒙恬相比怎么样？您和扶苏的关系和蒙恬相比怎么样？”

李斯想了想说：“这五样我都比不上蒙恬，但你为什么对我如此苛求责备呢？”

赵高继续顺着自己的思路，来逼迫李斯彻底坦白：“我原本不过是宫禁一个奴隶，因娴熟狱法，侥幸得以进入宫廷，掌管事务20多年了，从来没有看到被罢免的丞相或功臣，能两代相继为官的，最终都是被诛戮而死。长子扶苏刚强果断，威武勇敢，肯相信人，又善用人。他继承皇帝位后，必定任命蒙恬当丞相，这样一来，你是还想带着通侯的印绶回家享福吗？”

李斯由于得到秦始皇的赏识，不仅官运亨通，他的子女也都跟着沾光，长子李由做到三川郡守，其他子女也都与帝室联姻，所以他自然不想失去现有的荣华富贵。赵高针对李斯的心理，以言“阴”言“终”来猛击一掌，可以说是恰到好处。

但是，李斯仍然不肯轻易就范：“我李斯原不过一介百姓，承蒙皇上提拔做了丞相，他把国家存亡安危的重担交托给我，我怎能忘恩负义呢？肝胆相酬的忠臣，不会因为怕死就冒险，请你不要再说了。”

赵高继续说：“我听说聪明人处世，凡事灵活变化，不会固执不通，能够抓紧局势变化的关键，顺应潮流；看到事物的细枝末节，就能知道它根本的方向；看到事物发展的动向，就能知道它最后的结果。现在天下的权威和命运都掌握在胡亥手中，我有办法实现这个计划。”

李斯这才说出了自己的忧虑：“晋献公废太子申生改立庶子奚齐，召至三代政局的不安定；齐桓公和他的弟弟公子纠争夺王位，后来公子纠给杀了；商纣王杀了叔父比干，不听臣子劝谏，因此国都变成一片废墟，国家也灭亡了。这都是违背天理的事，弄得宗庙没人祭祀。我和他们几个是一样的人，你又何必与我商量呢？”

赵高看透了李斯的飘忽不定，于是趁热打铁地用“阖”的策略，使对方安心与自己同谋：“上下同心协力，就可以保有长久的富贵；如果内外互相应和，事情自然顺手，不致有差错。你要是听我的，就可以长久享有侯爵，还可以传给子孙万代。而且你也可以像有王子乔和赤松子两位仙人那般的长寿，像孔子和墨子两位圣贤那样聪明智慧。现在你舍弃这个好计策不肯听从，那么连你的子孙都不免遭殃，我实在很替你担心。一个善于自处的人是能因祸而得

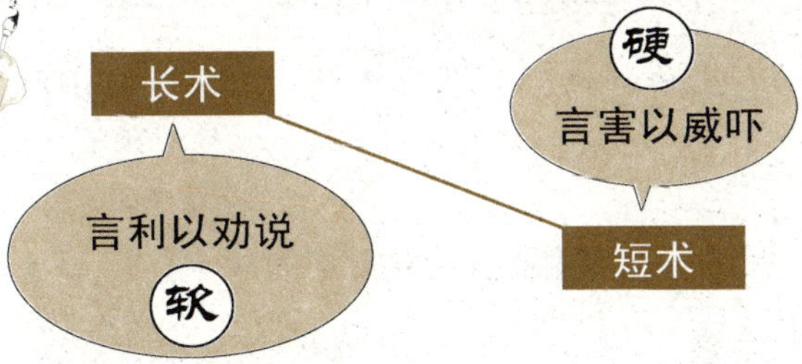

捭阖术往往言利以劝说，此为长术；言害以威吓，此为短术。

福的，你打算如何安置自己呢？”

李斯终于放弃了抵抗，听从了赵高改立胡亥为太子的计谋，篡改秦始皇所赐的遗诏，杀了扶苏和蒙恬。

捭阖术往往言利以劝说，此为长术；言害以威吓，此为短术。长短结合，视情况需要进行使用，此即捭阖术的别名——“短长术”之由来。在整个过程中，赵高一个人穿针引线，先后运用捭阖的游说方法，软硬兼施，使胡亥和李斯两个人都老老实实地表露出贪图富贵权力的真实想法，并且参与到阴谋中来。下下人有上上智，赵高的说服技巧，值得我们认真研究。

3 因其势而利导之

以无形取有形，顺形顺势而自然展开，成功更加轻易和省力，也巧妙得多。

司马迁在《史记·孙子吴起列传》中说："善战者，因其势而利导之。"这不仅是用兵作战的方法，同时也指出了说服的一个重要方法，那就是顺着事情发展的趋势，向有利于实现己方目的的方向加以引导。因势利导的关键在于了解对方的心理和当前的实际情况，然后把两者结合起来，有选择地用后者去引导前者，从而达到自己的目的。

《列子》中记载的惠盎劝说宋康王的故事，可以说是顺势劝说的有力例证。

惠盎想用仁义之道去进谏宋康王（即宋王偃），有人劝阻说："宋康王是个荒淫暴虐的昏君，群臣有劝谏者必杀之，诸侯称他'桀宋'，你用仁义之道去进谏他，必将自遭其祸。"惠盎不信，他来到朝廷，谒见康王。一见面，康王就故意跺着脚，毫不客气地大声说："我喜欢勇武有力的堂堂男子汉，不喜欢所谓仁义的谦谦君子。您有何见教啊？"

对康王的目中无人，惠盎毫不介意。他以守为攻地问康王："我有这样的道术——使人虽然勇武，却刺不进您的身体；虽然有力，却击不中您。大王您难道不想听一听吗？"听到这个，康王心动了一下，他稍稍改变了态度说："好，我想听了。"

惠盎说："那样虽然刺不到您，击不中您，您还是受了侮辱。我另有道术——使人虽然勇武，却不敢刺您；虽然有力，却不敢击

因势利导的关键在于了解对方的心理和当前的实际情况，然后把两者结合起来，有选择地用后者去引导前者，从而达到自己的目的。

您。大王您不想听一听吗？”

康王听得有点入了神，眉宇间的皱纹松了一点，说：“好，这是我想知道的。”

惠盎说：“那些人虽然不敢刺您，不敢击您，但是不见得没有这样的想法啊。我有这样的道术——使人根本就没有这样的想法，大王您难道无意于这样的道术吗？”

康王高兴地说：“好，这是我所希望的。”

惠盎见康王一点点“咬钩”，于是继续晃动“渔竿”。他说：

“那些人虽然没有刺击您的想法，但是不见得有爱戴您的忠心。我有这样的道术——使天下所有男子女子都自发自愿地爱戴您，这比勇武有力更为有用。大王您难道无意了解吗？”

康王头瞳孔放光，说：“这正是我想要的。”

惠盎说：“孔丘、墨翟的德行就能这样。他们没有领土，却能像君主一样得到尊荣；没有官职，却能像官长一样受到尊敬。现在大王您是拥有万辆兵车的大国君主，若有这样的志向，那么四方边境之内就能受您恩惠，百姓对您的爱戴会远远超过孔丘、翟墨。”

惠盎说完，转身快步走了出去。康王长嘘一口气，无言以对。待惠盎走远以后，他才对身边的人说：“这家伙真是善辩啊！只用这么几句话就说服了我。”

可见，宋王原本是不要听仁义道德的，可主张仁义道德的惠盎，一开始只是顺着宋王先说剑术，最后让宋康王急于听到它的好处。这种劝说法的原理很简单，但迂回环转的设计却十分巧妙，可称为因势利导说服法。

我们都知道，顺着风声呼喊，可使更远的人听得见；登高望远，能看得更远，这些无非都是外力的作用罢了。善于劝说的人，并不急于预先表明自己的观点，而是顺着对方的心意来解说，往往能事半功倍。

在上面的故事中，惠盎外表静柔，不动声色，他再三揣摩宋王的特点，针对宋王观念的弱点和漏洞进行进攻，不让宋王察觉，不进行强制的改造、说教。这种以无形取有形，顺形顺势的展开，使成功更加轻易和省力，也巧妙得多。在捭阖和抵巇间施加力道，在渐变中实现质的改变，最终实现了小大易形、阴阳易位，得到了四两拨千斤的功效。

4 把利害剖解开来

世界上没有绝对的有利，也没有绝对的不利。这种弹性为运用游说的智谋提供了广阔的舞台。

英国有一位著名的外交有叫帕累斯顿，他曾经说过这样一句名言：“没有永恒的朋友，只有永恒的利益。”说法是残酷了一点，但的确谈到了政治原则的根本，那就是：任何政治都是利益的体现。

而所谓的利益，都有一定的弹性：世界上没有绝对的有利，也没有绝对的不利。这种弹性就为运用游说的智谋提供了广阔的舞台。在游说时，如果以对方为出发点，使其明白利害格局的演化以及利益所在，而把自己的目的和利益隐于其中，就一定能说服他人。

《战国策》中记载了这样一个故事。

东周末期，周王室又分成了两个姬姓小国，即西周国和东周国。东周的人民想改种水稻，但是水源地却在西周境内，西周君却故意不放水，想看东周的笑话。

东周国君愁眉不展地请教苏秦，苏秦微然一笑，说：“我去说服西周君放水。”

他来到西周，很关切地对西周君说：“您现在不给东周放水，反而是在加强他们的力量，失去要挟他们的把柄啊！”

西周君正洋洋得意，一听这话马上瞪大了眼睛：“这话从何说起？”

苏秦不紧不慢地分析说：“东周得不到水，老百姓都开始种耐旱的燕麦，而放弃种水稻的计划。您如果想保持对他们的威慑，不如给他们放水，这样东周一定又改种水稻。他们种上水稻以后，您

就可以随时用给他们停水来威胁他们，让东周的百姓完全依赖于西周，从而听命于您了。”

西周君顿时恍然大悟，马上下令放水，同时把苏秦引为知己，赏给他很多财宝。而东周的老百姓欢天喜地地种了水稻，对苏秦也十分感激。

苏秦不愧为纵横大师，一语中的，排难解纷。独占一方的诸侯看上去威风不可一世，但实际上经常被苏秦这些人牵着鼻子走——制定或改变政策。

在纵横家看来，以理服人主要是指“利害”之理，凡是有利无害的事，人们也是愿意去做的。纵横家们更看重对“利害”之理的分析，都以对利与害的剖析和分解见长，无论是张仪、苏秦、陈轸、范雎，还是以后的郦食其、蒯通，在实施合纵连横中，大多是以“利害”之理征服各国君主的。

一言以兴邦，一言以丧邦，纵横家的话真是比原子弹还要厉害。他们之所以有这样的威力，原因就在任何一件事物都有不同的观察角度，同样一件事，在一个角度看是正确的，换另外一个角度看，就大不一样了。

春秋时，楚王攻打吴国，吴王派沮卫、蹷（音jué）融带酒食到楚军营中去谈判。而楚国的将军却把他们捆绑了起来，准备用他们的血来祭祀战鼓。楚人一边磨刀霍霍，一边嘲笑沮卫、蹷融：“你们来的时候占卜了吗？”

他俩面不改色地回答：“占卜了。”

楚人又问：“占卜结果吉利吗？”

他们回答：“吉利。”

楚人接着问：“那为何如今楚国要用你们的血来祭鼓？”

他们说：“这正是吉祥的原因啊。吴国派使者来，本来是要使将军发怒的，将军一旦发怒，吴国就会挖深壕沟、高筑壁垒；而将军如果不发怒，吴国就会松懈怠慢。如今将军要杀掉我们，那么吴国必然会警惕守备。况且占卜是国家的占卜，并不是为一个臣子占卜。杀一个臣子而保全一个国家，如果不叫吉利，又叫什么？如果死人是没有知觉的，用我们的血来祭鼓有什么好处？如果有知觉，你认为我们会让涂了我们血的战鼓响吗？”

楚国人听了以后，觉得他们说得很有道理，就没有杀他们。

雄辩的智谋能够让黑的变成白的，也能让白的变成黑的。带有强烈个人倾向与利益的话语本身，就成为“事实真相”的一部分，对别人产生影响。在信息不发达的情况下，这种现象表现得更为明显。

5 能攻心反侧自消

一捭一阖并不在于你言辞的华丽与否，最根本的还在于是否能作用到对方的心里。

成都武侯祠诸葛亮殿正中，有清人赵藩所写的一副楹联，一向被推为武侯祠里的对联之冠：

能攻心则反侧自消，从古知兵非好战；

不审势即宽严皆误，后来治蜀要深思。

古典著作《襄阳记》中说：“用兵之道，攻心为上，攻城为下。心战为上，兵战为下。”所谓“攻心”，即从精神上或心理上战胜对方，并使人心服。作者认为，自古以来，那些真正懂得军事的人并不在于“好战”，而是注意从精神上或心理上摧毁敌人。作战需要如此，而在紧张程度不亚于作战的游说中，同样需要以此为器。

齐宣王因为看到燕国衰弱了，就出兵攻打燕国，夺取了燕国10座城池。燕易王对苏秦说：“先生能为燕国要回被侵占的土地吗？”

苏秦说：“让我为大王取回来吧。”

于是他到了齐国。见到齐王下拜的时候，苏秦向齐王称贺，站起来时却又向齐王表示哀悼。齐王说：“为什么祝贺后又哀悼呢？”

苏秦说：“我听说人再饿也不吃乌嘴，是因为吃乌嘴时肚子越饱死得越快，人人都有这样的顾虑。如今燕国虽然弱小，燕王却是秦国的女婿。大王获得了10座城池，却要长久地与强大的秦国为

用开放的方式 攻心

1. 不要责难对方。进攻性的问题会令人防备、死守他们的立场，不如问一些开放式的问题。例如：“你说到哪儿来着？”
2. 正确使用肢体语言。看着对方的眼睛，把头垂向一边，斜靠着，使用开放的手势。这些身体语言没有恐吓性，能鼓励别人坦诚相待。
3. 要求对方重复，从中发现真相。因为把编造的故事复述一遍是很难的。
4. 给对方改变立场的机会。如果双方僵持，不如暂时放弃，在后面给他们更改的机会。

仇了。假设燕国是大雁在前面飞，那么强大的秦国就紧跟其后。所以，攻打燕国和吃鸟嘴是同样的情况啊。”

齐王说：“那又该怎么办呢？”

苏秦说：“若化险为夷，转败为胜，大王听我的意见，就把10座城池归还给燕国，这样燕国一定万分高兴。而秦王知道是因为自己的缘故齐国把10座城池归还给了燕国，也一定很高兴。这就是所说的放弃仇恨而结成好朋友。”

于是齐王把10座城池还给了燕国。

在这里，苏秦能说服齐王，所用的就是齐国害怕得罪秦国的心理。

一谈到捭阖的方法和技巧，人们往往会在“奇”和“巧”上做文章，在华丽之辞上下工夫。其实，一捭一阖并不在于你言辞的华丽与否，最根本的在于是否能作用到对方的心里。有时朴朴素素的一句话，甚至两三个字，就能钻进对方的心坎里，令对方为之心动、信服。究其原因，就在于它直指人心。

攻心的要义是要有针对性，《鬼谷子·权篇》中说：“故与智者言，依于博；与博者言，依于辨；与辨者言，依于要；与贵者言，依于势；与富者言，依于高；与贫者言，依于利；与贱者言，依于谦；与勇者言，依于敢；与愚者言，依于锐；此其术也，而人常反之。是故与智者言，将以此明之；与不智者言，将以此教之；而甚难为也。”

要运用捭阖的技巧，必须要揣摸、领会对方没有表达出来的意图，这需要悟性。而悟性是一种天赋。所以，有人天生悟性极高，能从蛛丝马迹中悟出别人难以言说或不愿说的心意；有人却不善此道，给个棒槌就当针（真），直来直去，自然难于说到点子上。

6 使用杠杆来说服

必须用捭阖之法，创造出可以“移动”对方的足够长度与强度的杠杆。

秦国兴兵威胁已经一穷二白的东周，索要最后的国宝九鼎。东周君派颜率去齐国借兵。

颜率到了齐国，对齐王说：“秦王暴虐，兴强暴之师索要九鼎。我东周君臣一致认为，与其把九鼎送给暴秦，实在不如送给贵国。如果您出兵相救，一定能赢得救亡图存的美名，得到天下人的认同和赞誉。大王加油啊！”

热血沸腾的齐王立刻派遣5万大军，出发去救东周。秦兵撤退后，当齐王准备向周君索要九鼎时，颜率又来到齐国：“我东周仰赖贵国义举，才得以平安无事，心甘情愿把九鼎献给大王，但不知贵国要从哪一条道路把九鼎运回齐国？”

齐王想了想说：“我准备借道梁国。”

颜率说：“不可以，梁国很早就想得到九鼎，在晖台和少海一带谋划很久了。九鼎一旦进入梁国，必定很难再出来。”

齐王又说：“那我们借道楚国。”

颜率回答说：“这也行不通，楚国君臣为了得到九鼎，早就进行过谋划。九鼎进入楚国也是羊入虎口。”

齐王仍然心有不甘地问道：“那么，究竟从哪里才能把九鼎运到齐国呢？”

颜率趁机说：“我东周君臣也为此忧虑。九鼎不是像瓶子、罐子一类的东西，可以提在手上或揣在怀中就能拿走，运起来也不会

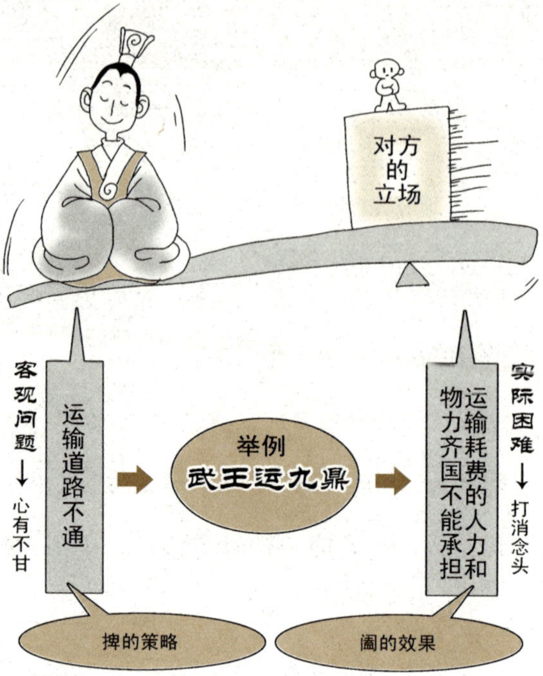

像鸟儿飞起降落那么轻松，也不会像兔子和马奔跑那样快。当初周武王伐殷得九鼎，为了拉运一鼎就动用了9万人马，九鼎就是81万人马，还要准备搬运工具和被服粮饷等物资，如今大王即使有这种人力和物力，又从哪条路运呢？我一直在为大王担忧。”

齐王至此终于心灰意冷，终于打消了获得九鼎的念头。

只需要找到一个支点和一根木棍，就可以移动或撑起巨大而笨重的物体，这就是力学中的“杠杆作用”。应用物理学中的杠杆原理，可以帮助实现谈判的目的，使对方的立场往自己所期望的方向“移动”。在上面的例子中，运输的路线和运输的难度，就是成功阻止齐王索要九鼎的杠杆。

要做到这一点，我们必须用捭阖之法，创造出可以“移动”对方的足够长度与强度的杠杆。杠杆如果够长也够强，所发挥的作用力则愈大；杠杆的作用力愈大，便意味着谈判愈是强大有劲。使对方的注意力集中于不利于自己的条件上，是杠杆作用的有效利用方法之一。

在上面的故事中，颜率看出运输道路不通已经初步打动了齐王（这是捭的策略），让他开始意识到问题的复杂和困难，但同时又担心齐王心不甘，因此又煞有介事地拿出武王运九鼎的例子，说明运输耗费的人力和物力并非齐国所能承受的，最终打消了齐王把九鼎运回齐国的念头（这是阖的效果）。

颜率所使用的，就是大杠杆上加小杠杆的技巧。

伍

抵巇

乘虚而入拿下对手

1 说服的抵巇之法

在游说中，抵巇之法可以通过对形势的转化、力量的流向进行双向的控制，减小或加大自己和对方的心理“势差”。

抵巇之法是鬼谷子提出来的，他专门创作有《抵巇》篇，讨论如何消除自己和对方观念之间的距离，使对方接受自己的观点。

“巇”是“隙”的通假字，也就是虚空裂缝的意思。鬼谷子认为，“自天地之合离，终始必有隙，不可不察也”。意思是说，自从有天地以来，万事万物都存在着裂痕，在裂痕刚刚出现的时候，可以通过“弥补”的方法，使裂痕变小；当裂痕很深很大时，就用“破坏”的方法，进行重塑。“隙”一般可视为矛盾、漏洞，或待解决的问题。解决“隙”的术法，称为“抵巇”。

宋朝时，邵康节就曾经利用富弼之“巇”，成功地说服了他。

当时，司马光见邵康节，说：“明天高僧颗修要开堂说法，富弼和吕公著想一起前往听讲。吕公沉迷于佛教中，已经没法劝阻。富弼如果去了，有点不合情理。我是后进学生，不敢直言，请先生劝阻他。”

邵康节同意了。第二天，邵康节到富弼家，对富弼说：“听说皇上想用唐代起用裴度的礼节起用您。”

富弼笑着说：“先生，您看我这个衰老多病的样子，能够起用吗？”

因为富弼正请求告老还乡，邵康节说：“确实也是啊。但如果有人说，皇上要授命于您，您却不愿出山；和尚开堂讲法，您却马上就去了。这难道没有不合适的地方吗？”

自中成者，可抵而塞：可以通过抵巇使内部的裂痕封闭；
自外来者，可抵而却：可以通过抵巇制止外部力量造成的裂痕变大；
自下生者，可抵而息：可以通过抵巇使自下而上的裂痕暂停；
其萌微者，可抵而匿：可以通过抵巇使微小的裂痕不见；
都不可治者，可抵而得：可以通过抵巇掌握裂痕已经无法控制的对手。

富弼被这个大帽子吓了一跳，连连摇手说：“我没有考虑到这一点。”

“抵术”是鬼谷子纵横八术中的重要一术。鬼谷子认为，任何事物都会出现裂痕，而且这种裂痕会由小变大。因此在裂痕刚出现时就要“抵”住，通过“抵”来使裂痕闭塞，使其减少、停止、消失，最后达到自己的目的。

鬼谷子认为，一方面，万事万物都起于秋毫之末，一旦发展就像泰山的根基一样大。圣人的事业都会遇到小人的破坏，都需要“抵”。另一方面，要用抵来施行自己的谋划，他说：“世无可抵，则深隐而待时，时有可抵，则为之谋。”其意思是，解决问题的原则是抓住“时机”，实施谋略。如果按事物的发展法则去做，就“可以上合，可以检下”，而且“能因能循，为天地守神”。

在游说中，这种抵巇之法通过对形势的转化、力量的流向进行双向的控制，视不同的情况减小或加大自己和对方的心理“势差”，延缓或者促进转化的发生，按照自己的需要掌握转化的方向。它可以有两个作用：一是警醒被游说对象，使之避免遭受更大的损失；二是可以向对方频频发动攻势，使对方哑口无言，最终击败对方。

2 反客为主抵巇法

诘难法就是首先发现对方在逻辑上存在的“巇”，然后用自己的思想和主张很自然地来填补这个“巇”。

诘难法就是当别人向自己征求意见时，不直接表明自己的思想和观点，而是通过反复设问，让对方在回答中，得出你的思想和主张。这种方法也是一种抵巇，比起自己费尽口舌去阐发自己的思想和观点，要省时省力得多。

因为人始终最喜欢的是他自己，最相信的也是自己的判断，别人的观念无论说得如何美妙动听，那总是别人的思想和观点。如果别人强“抵”给自己，是很难接受的。可是，自己得出的结论就不同了，它是自己的一部分，就像自己的血脉和经络一样，是内化的，无可辩驳的。

战国时，秦臣许绾欺骗魏王，说秦昭王将要称帝于天下，魏王听后要去朝拜秦国。魏臣魏敬对魏王说：“拿魏国境内黄河以北地区和国都大梁比，哪一个重要？”

魏王说：“大梁重要。”

魏敬又说：“大梁跟您自身比，哪一个重要？”

魏王说：“自身重要。”

魏敬又说：“假如秦国索取黄河以北，那么您将给它吗？”

魏王说：“不给。”

魏敬又说：“魏国黄河以北地区在三者之中占最下等，您自身在三者之中占最上等。秦国索取最下等的您不答应，索取最上等的您却答应了。我对这是不赞成的。”

第一步：争客位

（天下人是尊齐还是尊秦？）

第二步：乘隙

（齐放弃帝号，天下是爱齐呢，还是爱秦？）

第三步：插足

（共同伐赵与齐军单独攻宋，哪一个更有利呢？）

第四步：为主

（放弃帝号以顺应天下。）

魏王终于被说服了，不去秦国朝拜了。

诘难法就是首先发现对方在逻辑上存在的“巇”，然后通过设问，用自己的思想和主张很自然地来填补这个“巇”，避免了对方拒斥。这种方法是被纵横家广泛使用的一种方法。

苏秦向燕昭王献上削弱齐国的计划，他说：“我们虽然收回了被齐占领的土地。然而亡国之恨不可以不报。如果使齐国在西面为宋国疲于奔命，在南边又为楚国忙碌不堪，我们即可趁机发动进攻，一举灭齐。我请求去游说齐闵王攻宋。”

于是，燕昭王遂拜苏秦为上卿，出使齐国。苏秦到了齐国，恰好秦国也派人到齐国，商议共同称帝的事。在这紧要关头，苏秦劈头向齐闵王发出一连串的问难：“齐秦并立为帝，天下人是尊齐还是尊秦？”

齐闵王说：“当然是尊秦了！”

“那么齐放弃帝号，天下是爱齐呢，还是爱秦？”

“当然是爱齐了！”

“秦齐两帝并立，共同伐赵与齐军单独攻宋，哪一个更有利呢？”

齐闵王回答：“当然单独伐宋有利！”

苏秦一连串的“炮轰”，把齐闵王的思想逼到了另外一条道上。苏秦趁机指出：“如果我们同秦一样称帝，天下只尊秦国；如果我们放弃帝号，天下就爱齐而称强秦；共约伐赵又不如单独伐宋。所以，我主张放弃帝号，以顺应天下。”

于是，齐闵王联合赵国在阿地会盟，约定共同抗秦，秦齐关系恶化。苏秦又趁机劝齐闵王攻宋，以使齐国成为中原诸侯之长。最终，齐闵王发兵攻宋，燕国派兵协助齐国。虽然宋国在联军攻击下割淮北地求和，但齐国也因此战而被削弱，取得了一场得不偿失的胜利。

3 一步步发现空当

根据对方所处形势和心理状态的变化，层层剖析，逐渐演化出结论，这样更能让对方心服口服。

碰到旗鼓相当的对手，双方都没有更多的破绽，也没有更多的“巇”可以抵，那么，抵巇之战就会艰苦卓绝，最终获胜者，必须有远大的眼光和过人的耐性，能够充分理解有关各方的利益与需求，否则是不能成功的。

在对答中，双方的心理可能会不断变化，这就需要留心观察对方的心理活动，将观察的结果进行分析，以此来发现对方的心思因为松动而出现的空当，从而对症下药进行说服。

在大多数时候，这样做是有效的、正如猎人追踪狡猾猎物的踪迹，只要细心并有耐心，最终能将猎物捕获。

秦国在长平向赵国军队发起进攻，并大败了赵军，随即领兵退回秦国。随后，秦国又派使者向赵国索取六个城，来作为讲和的条件。对此，赵国一筹莫展，不知该怎么办。

楼缓刚从秦国回来，赵王就与楼缓商量：“给秦国六城会怎么样？不给六城又会怎么样？”

楼缓说：“我刚从秦国回来，说不给六城，就不是在为大王考虑；说给六城，就怕大王要认为我是在为秦国考虑了。所以，我不敢回答。如果真的要为大王考虑的话，那就把六城给了秦国。”

赵王说：“好！”

虞卿听说后，来面见赵王，说：“这是他花言巧语欺骗您。秦国退兵，是因为军队疲惫了，还是因为爱怜大王而不再进攻的呢？”

碰到旗鼓相当的对手，双方都没有更多的破绽，也没有更多的“巇”可以抵，那么，抵巇之战就会艰苦卓绝，最终获胜者，必须有远大的眼光和过人的耐性。

空当一

秦国攻打赵国并非同情赵国，而是因为军队疲惫了才退兵。

空当二

将秦国不能攻取的土地拱手送给他并非长久之计，而是帮助秦国而削弱自己。

空当三

割地并不能迷惑天下人，而是向天下人充分表现出自己的软弱。

空当四

割地并非自保的唯一途径，贿赂齐国以抗秦是自保的更好策略。

赵王说：“他们是不遗余力的，必然是因为疲惫了才退兵的。”

虞卿说：“秦国攻打他们无法战胜的赵国，疲惫而归。大王又将他们不能攻取的土地拱手相让，这是帮助秦国攻击自己呀！来年秦国再来攻打大王，就没有办法自救了。”

赵王将虞卿的话告诉了楼缓。楼缓说：“虞卿完全不知道秦国的力量，这六城不过是弹丸之地，您现在舍不得给，惹得秦国生气再来进攻，到时大王能够不割让腹地就能讲和得了吗？”

赵王说："真的听了你的话，把六城割给秦国，你能肯定来年秦国不再进攻我国吗？"

楼缓继续用狡辩术，劝赵王去给秦国扛活卖命："这不是我敢承担的责任。过去韩、魏、赵三国都与秦国交好，互相亲善，如今秦国放过韩、魏两国来进攻赵国，说明大王侍奉秦国不如韩、魏两国。现在我为您解释一下您为何会有负于秦国而招致攻击的。因为您打开城门，与齐国通好，又与韩、魏相亲善，只是没有取悦于秦国。大王这样做，必然不如韩、魏两国对秦国侍奉周到。这不是我所敢于承担的重任啊！"

到此，楼缓几乎已经说服了赵王。赵王又将楼缓的话告诉了虞卿。

虞卿说："楼缓说不讲和，来年秦国还要进攻赵国，只有割让腹心之地去讲和。现在又说，割让六城他也不能保证秦国不再进攻赵国，那么割地又有什么益处呢？来年再进攻，又割让他们无法攻取的土地去讲和吗？这是自杀的办法啊！我们用割六城的办法阻碍天下人进攻疲惫的秦国，这就使我们失去了天下人的信任和友好，而只图取得秦国的好感。我国崇尚利益，为什么坐而割地，削弱自己，壮大秦国呢？楼缓说秦国与韩、魏友好而只攻赵国，必然是大王侍奉秦国不如韩、魏两国，这是让大王年年割六个城去侍奉秦国，坐等赵国的土地被割让完毕啊！来年秦国再要求割地，大王还给他吗？秦国犹如虎狼之国，没有礼义之心，他们的欲望永无止境，而大王的土地是有限的，用有限的土地去满足没有止境的欲望，其结果必然是赵国的彻底灭亡。所以说，楼缓的这个主意也是遮掩之词，大王一定不要将六城割给秦国。"

楼缓听说虞卿的话以后，又去见赵王，说："不是那样的。虞卿只知其一，不知其二。秦、赵两国打仗，天下人都高兴，为什么呢？天下人想的是谁强我就依靠谁，谁弱我就乘机进攻谁，如今赵国的军队被秦军打败，天下要祝贺的战胜者，必然是秦国了。所以不如马上割地求和，以疑惑天下人，同时安慰秦国的人心。不然的话，天下人将趁赵国被打败的机会瓜分赵国。灭亡赵国哪里只是秦国的企图呢？大王赶快做出决断，不要再犹豫了。”

虞卿听说后，十分气愤地说：“楼缓来就是为秦国效力的！赵国军队被秦国打败，又割地求和，这样使天下人愈发疑惑。谈什么安慰秦国呢？不是向天下人充分表现出自己的软弱吗？况且我说的不要给六城，并不是一定不给。秦国向大王索取六城，而大王应该拿六城去贿赂齐国。因为齐国是秦国的宿仇，得到大王的六城，必然会全力向西攻击秦国。这样，大王虽然给了齐国土地，却能从秦国得到补偿。”

于是赵王派虞卿出使齐国，与齐国共同商量对秦的事。可是，虞卿还没有从齐国回来，秦国派来重新谈判的使者已经到了赵国。楼缓听说后，立即逃离了赵国。

有些问题隔了一层薄窗纸，别人用话轻轻一点就破；而更多的情况下，当局者则处于重重的迷雾之中，这时把问题的结论一下子点出来，对方未必能马上反应过来。所以，不如根据对方所处形势和心理状态的变化，层层剖析，逐渐演化出结论，这样更能让对方心服口服。虞卿使用的就是这种方法。

4 以柔克刚抵巇法

抵巇的说服艺术，就像在谦卑与聪明、顺从与主见、偏好和悟性之间走钢丝一样，必须保持微妙的平衡。

老子在《道德经》中说："天下之至柔，驰骋于天下至坚。无有，入于无间"；"柔之胜刚也，弱之胜强也，天下莫不知。"

这些话的大意是，天下最柔弱的东西，能够战胜天下最刚强的东西。没有形体的东西，能够渗透到没有间隙的地方；柔之所以能够战胜刚，弱之所以能够战胜强，这个道理没有谁不懂。

当一方处于不利地位或力量弱小的情况下，先想法避开对方的锋芒，以礼相待，使之抓不住把柄、找不到借口，然后再采用适宜的方法，将其"送出"去，使其罢手。

柔中包含着智慧和机敏，也包含着自信和勇气。敢于出面和强敌对抗，并非人人都能做得到。魏文侯跟他的大臣闲坐时，问道："我是个什么样的君主呢？"

大臣们都说："主公您是位仁德之君。"

轮到翟黄发言时，他直言不讳地说："我看主公您不是仁德之君。"

文侯面露不悦之色地问："你凭什么这么说？"

翟黄装作没看到，梗着脖子回答道："主公您攻取中山以后，不把它封给您的大儿子，我从这里看出您不是仁德之君。"

文侯听后勃然大怒，命人把翟黄轰出去。翟黄站起来就往外走。轮到任座，文侯问道："我是什么样的君主呢？"

任座十分谦卑地回答道："主公您是位仁德之君。"

柔中寓刚，外柔内刚

柔是包容之气，刚是观点之力，以气化力，看似柔弱如棉，实则力量沉弘，气力溶为一体，使人不见其形而被说服。

避刚就柔，避强就弱

当双方观点碰撞时，不要正面迎击，而是灵活多变地虚于周旋，使对方的攻击力道落空，然后抓住对方旧力已过新力未生的柔弱阶段，把自己的观念悄悄灌输给他。

虚灵顶劲，排除杂念

本身要虚其心，实其腹，在心态上做到清静空灵，而不要有争强好胜或高傲自大的心态。

文侯问："你根据什么这么说呢？"

任座回答道："我听说过，如果君主是仁德之君，他就有直谏之臣。刚才翟黄敢直言不讳地说出真心话，可见您是仁德之君。"

文侯大笑说："你说的对。"他随即命人召回翟黄，并且晋升他为上卿。

任座所用的说服方式，也是以柔克刚。这就是《淮南子·兵略训》中所说的庙战，即决胜于庙堂之上，而不动兵戈。

在劝说过程中，只有对对方的观点表示某种认同和同情，让他得到一种心理满足，才能达到最终目的。切忌，不要企图说服，尤其不要企图通过反驳对方的意见来说服他们，如果这样做，只能适得其反，让对方不舒服，因而意愿索然。

这种柔，不过是一种表现形式，其实它下面蕴藏着并不显山露水的力量，即自己的见解。

刚，其力锋芒毕露，咄咄逼人，看似势不可挡；柔，其力藏而不露，看似软弱无力，其实如绵里裹针。因此，不妨说，以柔制刚，是以一种无形之力去战胜另一种有形之力，不过是两种不同的力之间的转化罢了。

抵巇也是如此，硬塞进来的东西往往令人反感，哪怕这种东西对双方都有好处或者对方正好需要的。就像有人喜欢挖鼻孔，但是永远没有人喜欢被别人的手指挖鼻孔。所以说，抵巇的说服艺术，就像在谦卑与聪明、顺从与主见，偏好和悟性之间走钢丝一样，必须保持微妙的平衡，才能达到目的。

5 巧妙讽喻的技巧

借用一个比喻，就好比是为“抵巇”的战术包裹上一个柔软圆滑的外衣，不但增加了对自己命题的确证，也增加了对手抗拒的困难。

巧妙的比喻是古人劝服别人最常用的有效技巧之一。

《厚黑学》的作者李宗吾曾经说：“战国策士，如苏秦诸人，平日把人情世故揣摩纯熟，其游说人主也，随便引一个故事或设一个比喻，妙趣横生，头头是道，其途径与庄之寓言，易之取象无异。”

借比喻说事，就是先不说主题，而以一个简洁易懂的故事开头，让对方的思路跟着自己走，最后得出结论。借比喻说事最著名的，当数苏代的“鹬蚌相争，渔翁得利”的故事了。

有一年，赵惠王又准备向燕国发动进攻。苏代知道这个消息后，决心阻止这场残杀，他主动去拜见赵惠王，向赵惠王陈述互相残杀的害处。

苏代没有引经据典地讲大道理，而是以一个寓言故事开始了谈话。

从前，一个出太阳的大晴天，一只河蚌出了水，张开两片硬壳躺在河滩上晒太阳。这时，有只鹬在天空中看见了，以为这下可以美餐一顿了，于是便猛地向下俯冲，把长长的嘴伸到蚌壳中去啄肉。不料，河蚌迅速将两片硬壳合上，死死地夹住了鹬嘴。

鹬使出浑身的力气想拔出嘴来，却拔不出来，于是狠狠地威胁说：“你不松开壳子，有你好看的。今天不下雨，明天也不下雨，没有了水，你就会干死在这块河滩上！”

河蚌不堪示弱，反唇相讥地说：“我就像这样死死夹住你的嘴，你今天拔不出来，明天拔不出来，你吃不到东西，我看你也要饿死在这片河滩上！”

鹬和蚌就这样相持着，互不相让，双方都精疲力竭。这时有个渔夫路过此处，他看见一只肥硕的蚌和一只漂亮的鹬死死咬扯在一起，没费吹灰之力，就抓住了这两个不可开交的对手。

故事说完了，苏代才言归正传，对赵惠王说：“赵国和燕国是实力差不多的国家，已经打了多年的仗了。赵国这次再去攻打燕国，结果肯定是双方长期相持不下。这样一来，强大的秦国就会像那个渔夫一样，轻而易举地从中得利。希望大王三思而行。”

赵惠王从苏代讲的故事和话语中很受启发，他决定不再自相残杀，于是停止了攻打燕国的准备。

借用一个比喻，就好比是为抵巇的战术包裹上一个柔软圆滑的外衣，不但增加了对自己命题的确证，也增加了对手抗拒的困难。因为对手除了反驳论题外，还要设法反驳比喻，而反驳比喻往往显得有些小题大做，甚至有些可笑。

运用讽喻的方法来进行抵巇说服，应掌握以下三点技巧：一是观点要寓于比喻之中，两者不能游离，否则将显得生涩；二是所设的比喻要生动、形象，使复杂的问题简单化、深奥的道理浅显化、抽象的事物具体化；三是观点要有力地直指问题的核心，提出的问题要尖锐。

6 曲折迂回的抵巇

环转迂回法就是不正面表达自己的意思，隐晦曲折地用别的语言来达到目的的说话方法。

有人称纵横之术为口舌之劳，可是一条舌头却能做到言谈微妙，在曲折迂回中解除纠纷。在运用抵巇时，如果单刀直入，往往令人反感，可是如果顺应对方的情绪和想法，把自己的观点塞入对方的"空当"，就更容易被接受。

淳于髡是齐威王时候的人。他虽然身材矮小，其貌不扬，但幽默风趣，能言善辩，常常在笑谈之间讽谏齐威王。

齐威王八年，楚国发兵攻打齐国。威王派淳于髡出使赵国求救，叫他带100镒金、10驾马车去送给赵王。淳于髡忍不住仰天大笑，连系帽子的带子都笑断了。威王有点尴尬地问他："是不是嫌带去的礼物太少？"淳于髡说："岂敢，岂敢，我只是想到一件好笑的事情罢了。"

威王一听是好笑的事情，连忙叫淳于髡讲给他听。淳于髡说："今天我从东边来时，看见路旁有个种田人在祈祷。他拿着一个猪蹄子、一杯酒祷告上天保佑他五谷丰登，米粮堆积满仓。我见他拿的祭品很少，而所祈求的东西却太多，所以笑起来了。"

齐威王也不是没心没肺的人，当然听懂了他的言外之意，于是将给赵国的礼物增加到1000镒金、10对白璧、100驾马车。

淳于髡到赵国献上礼物后，陈说利害关系，最终赵王发出精兵10万支持齐国。楚王听说后连夜退兵回国了。

齐威王非常高兴，在宫内设酒宴为淳于髡庆功。威王问淳于

髡要喝多少酒才会醉，淳于髡回答说喝一斗酒也会醉，喝十斗酒也会醉。威王觉得他真有意思，既然喝一斗就醉了，怎么还能喝十斗呢？因此要他讲一讲其中的道理。

淳于髡于是便说起了他的酒经："如果大王当面赏酒给我喝，执法官、御史官站在背后，我战战兢兢地低头伏地而喝，一斗就醉了。如果父母有贵客来我家，我陪酒敬客，两斗就会醉了。如果有朋自远方来，相见倾吐衷肠，畅叙友谊，那五六斗才会醉。如果是乡里之间的宴会，有男有女，随便杂坐，猜拳行令，男女握手不受罚，互相注目也不禁止，自由自在，开怀畅饮。这样，我就是喝到八斗也只会有二三分醉意。如果到了晚上，宴会差不多了，大家撤了桌子促膝而坐，男女都同坐在一个坐席上，靴鞋错杂，杯盘狼藉。等到堂上的蜡烛烧尽了，主人送走客人而单单留下我，解开罗衫衣襟，微微能闻到香汗的气息。这时，我欢乐之极，忘乎所以，要喝到十斗才会醉。所以说，酒喝过头了就会乱来，欢乐过头了就会生悲，世上的事情都是这样的啊！”

齐威王听了他这一段精彩的酒经，沉思了好一会儿，然后说：“讲得好啊！”

从此，他戒掉了通宵达旦饮酒的坏习惯。

淳于髡使用的说服法，就是表面上同意对方的决定，赞扬对方的行为，实际上是在讽刺和批评对方的言行，以使对方猛然醒悟自己言行的错误。这可以称为反讽法。

总之，在游说中，环转迂回法就是不正面表达自己的意思，而是隐晦曲折地用别的语言来达到目的的说话方法。不过，环转迂回的办法一般不宜多用，因为它总含有一种刺探的性质，不够友善，所以，不到万不得已不要使用。但是，如果正面直谈不方便，或不得要领时，用环转迂回这一机智而又灵巧的方法，便容易达到目的。

7 声东击西的策略

对飞钳“飞”不中的，就要耐心琢磨，寻找机会，应用各种手段引诱对方露出空当，最后达到控制的目的。

《鬼谷子·谋篇》中说：“摩而恐之，高而动之，微而证之，符而应之，拥而塞之，乱而惑之，是谓计谋。”乱而惑之，是声东击西策略的一个重要手段。

声东击西的策略就是在抵巇时审时度势，通过事物表面现象之后存在的不同方向，向对方揭示出其中有利于我方的一条发展路径，并揭示隐含在其中的得与失。这样，在揭示对方利益的条件下说服对方，抵巇就获得了对方的配合，更容易成功。

晋明帝时，大将军王敦准备谋反，时任大将军左司马的温峤想回首都向明帝报告情况，于是他向王敦告了假。

但是，让人头痛的是，王敦手下有一个谋士钱凤，此人足智多谋。温峤担心钱凤不但会阻止自己离开，而且会建议王敦杀害自己。于是，他心生一计——走之前宴请同僚。在酒席宴上，温峤故意向钱凤敬酒，酒杯极大，钱凤当然不从，于是温峤就装醉，痛骂钱凤打落了他的帽子。

第二天，温峤故意让钱凤知道他要走的消息。钱凤果然劝王敦不要放了温峤，防止他泄密，应该杀了他。但王敦笑道：“你是因为昨天在酒席上他得罪了你，才这么说的吧。”

最后，王敦还是放温峤走了。温峤返回都城向晋明帝报告了消息。

《鬼谷子·飞箝篇》里说：“钩箝之语，其说辞也，乍同乍

“声东”的条件和理由要充足，不能引起对方的怀疑。（温峤宴请同僚敬酒）

“声东”要逼真，“击西”要自然，要找好过渡的台词。（温峤装醉痛骂钱凤）

要把握对手的心理变化过程，掌握好“击西”的时机。（第二天让钱凤知道温峤要走的消息）

异……其用或称财货、琦玮、珠玉、璧帛、彩色以事之，或量能立势以钩之，或伺候见涧而箝之。”对飞箝飞不中的，就要耐心琢磨，寻找机会，应用各种手段引诱对方露出“空当”，最后达到控制的目的。这是创造机会进行抵巇的策略。

唐代名相姚崇临终时把儿子叫到床前说：“我和丞相张说久有不和，我死之后他必会对你们下手。我们家要对此早作防范。张说十分喜好玉器，我死之后，你们要把家中珍藏的珍奇宝玉陈列于我的灵前，他来时若是留意这些宝玉，则你们还有救，要是看也不看，那就没救了。要是他看这些玉器，你们就拣他喜欢的送给他，并请他来写我的墓志铭。他写好后，你们要以最快的速度呈报给皇帝，然后刻制碑文，办完了就安全无忧了。”

不久，姚崇去世。吊丧的时候，张说果然目光不离宝玉，姚家就把珍宝送给他，并求他来写墓志铭，张说兴致很高地写了。

过了几天，他开始后悔，觉得不该写赞颂仇敌的墓志铭。但手下人告诉他，此碑文姚家已经上报天子，皇帝看过后已刻成碑文了。木已成舟，没有挽回的余地了。

由于皇上亲自审定了张说撰写的赞美姚崇的碑文，以后张说也就没办法再向皇上诬陷姚崇了。

陆

利导

建立联盟的游说模式

1 肯定其有利条件

"利导法"，就是要从对方的立场上对利害形势进行分析，摆明其优势，并指出希望与美好前景，以利导之，使对方乐于接受自己主张的说服术。

在战国时的纵横家中，苏秦和张仪可谓是位居正中的"双子星座"，他们的辩才不相上下，而且一纵一横的主张直接对立。为了达到自己的目的，他们创造了模式不同、风格迥异的游说策略：以苏秦为代表的合纵派，以"利导法"为主；以张仪为代表的连横派，则以"势禁法"为主。

苏秦推行合纵战略，主张"合众弱而攻一强"，将相对弱势的六国统一成联盟，联手对付相对强大的秦国。要实现这样的目标，他首先要使每一个国君彻底打消惧怕强秦的顾虑，要他们相信他们并不弱，只要他们联合起来，就一定能够对付得了秦国。因此，苏秦的策略就是充分肯定他们的优势，鼓舞他们的信心，激励他们的斗志。他不断地给这些国君打气、鼓劲，使他们不要因为害怕而去讨好秦国。

苏秦的游说模式，可以总结为"利导法"。所谓"利导法"，就是要从对方的立场上对利害形势进行分析，摆明其优势，并指出希望与美好前景，以利导之，使对方乐于接受自己主张的说服术。

在具体实施上，苏秦一般先从分析"量权"对方的地理条件、兵力情况、军需物资、国力强弱、周边关系等客观优势入手，结合国君贤能、士卒英勇等主观因素，充分肯定其有利条件。

对燕国，苏秦着重指出，其远离强秦，相对封闭，安定富庶。他说："燕国东边有朝鲜和辽东，北边有林胡和楼烦，西边有云中和九

利导法

分析利害，摆出优势，并指出希望与美好前景，以利导之，使对方乐于接受自己主张的说服术。

首先强调其优势，以解除惧怕强秦的心理压力

对燕国，着重指出其远离强秦，相对封闭，安定富庶。
对赵国，强调其高人一头的强大军事实力。
对韩国，着重强调其兵器精良，士卒悍勇。

原，南边有呼沱河和易水。土地方圆2000余里。拥兵几十万，战车有700多辆，战马有6000匹，粮食够10年支用。南边有碣石和雁门的丰饶物产，北边有枣和栗子的获利收成。人民即使不从事田地耕作，而枣和栗子的果实就足以让人民吃饱。这是所谓的天府之国啊！”

而苏秦从燕国到了赵国，对赵王说的则是其高人一头的强大军事实力：“如今，山东各国没有比赵国更强的。赵国土地方圆2000里，拥兵数十万，战车千辆，战马万匹，粮食可供数年用度。西有常山，南有黄河、漳河，东有清河，北有燕国。燕国本来就是弱国，不足为虑。而在各诸侯国中，秦国最怕的就是赵国。”

苏秦说服燕国、赵国参加合纵联盟后，又来到了韩国。他游说韩宣王时，着重强调其兵器精良，士卒悍勇。他说：“韩国北面有巩地、洛地、成皋那样坚固的边城，西面有宜阳、常阪那样险要的关塞，东面有宛地、穰地、洧水，南面有陉山。土地方圆千里，拥兵数十万。天下的强弓硬箭都从韩国出产，韩国士兵举足踏地发射，不一会儿就可发射百箭，远处可射中胸膛，近处可射穿心脏。韩国士兵的剑和戟，都如龙泉、太阿这样的名剑那般锋利，这些剑和戟在陆上都能砍断牛马，在水上能击中天鹅和大雁。”

可以看出，不论对哪个国家，苏秦都首先强调其优势，以解除他们惧怕强秦的心理压力。他关于有利条件的说辞模式基本相同，但他又注意结合每一个诸侯国的具体情况做出具体分析，有针对性地强调该国的特色。比如苏秦对齐国，着重强调它的地理优越，人口众多，民富国强；而对魏国和楚国这两个相对强大的国家，则强调其经济力量的雄厚。

在讲完了有利条件以后，苏秦就开始按部就班地向下进行。

2 指出面临的危机

使对方随我方意图而仰俯升沉，同时注意使对方不失常态，才可以真正获得对方的信任并说服对方。

如果说，上面指出有利条件的第一步，是鬼谷子所说的“捭”的话，那么这还只是开了一个头。苏秦知道，下一步还要“阖”，也就是使对方随我方意图而仰俯升沉，同时注意使对方不失常态，才可以真正获得对方的信任并说服对方。

因此，他要向游说对象说明合纵策略的必要性。

苏秦游说燕文侯时指出：“燕国之所以不遭受战争的洗劫，是因为在南方有赵国作屏障。秦、赵争战，相互都疲弊了，而燕国控制住这个大后方，所以燕国没有遭受侵犯。况且，秦国如果攻打燕国，要走数千里的道路，即使得到燕国的城邑，也难以守住。若是赵国进攻燕国，不到十天，数十万大军就可以进驻东垣。秦国攻打燕国，须得在千里之外开战，赵国进攻燕国，就要在百里之内开战了，不忧虑百里之内的祸患，却重视千里之外的邦交，这是个错误的计谋。”

苏秦的高明之处在于他站得高、看得远，眼光独到。燕国表面虽然安定，但也隐藏着忧患。如果不处理好与邻国的关系，那是很危险的。居安思危，早做应对，才是明智的选择。

针对齐、楚这样的强国，苏秦着重指出：“夫秦，虎狼之国也，有吞天下之心。”如果听信“横人”之言，各国都割地事秦，则是“养仇而奉仇者也”，后患无穷。

对楚威王，苏秦的说辞则是：“秦国对诸侯国中最担忧的就是

楚国，秦、楚二者势不两立，所以大王不如实行合纵以孤立秦国。大王如不实行合纵，秦国一定会兵发两路：一路出武关，一路下黔中。这样，楚国国都鄢郢就要震动了。”

他又劝齐宣王说：“秦国虽然想深入齐境，可总有后顾之忧，害怕韩、魏从背后袭击，所以虚张声势，借以威胁，又不敢前进。不去深入考虑秦国对齐国无可奈何这一事实，却要向秦国卑躬屈膝，这是群臣谋略的错误。如今参加合纵联盟，可以避免向秦国卑躬屈膝的丑名，而获得强国的实惠，请大王仔细考虑。”

苏秦劝魏襄王时，则着重针对群臣中主张与秦交好的倾向，说：“如今却听从了群臣的邪说，竟打算以臣子的身份去侍奉秦王。而侍奉秦王，一定得割让土地，送上人质。因此，军队还没用上而国家就已受到损害了。而那些做人臣的，割让君主的土地以便对外勾结，窃取一时的功绩而不顾及国家的后患，损失国家的土地而满足个人一时的欲望。他们依仗外面强秦的权势，在国内胁迫自己的君主，要求割让土地。希望大王对此能够明察！”

他对赵王说：“齐国和秦国是赵国的两大敌人，这是人民不得安宁的原因所在。如果依靠秦国进攻齐国，人民就得不到安宁；依靠齐国进攻秦国，人民也得不到安宁。如果秦军沿轵道而下，南阳就会处于险境；再攻掠韩国，包围周室，赵国自身也会被削弱；秦国再占据卫国，夺取淇水，齐国就一定会臣服秦国。秦国的欲望既然已经得逞于山东六国，必然会发兵攻打赵国。秦兵渡过黄河，跨过漳水，占据番吾，就可以打到赵国的都城邯郸了。这些就是我所担忧的。”

可见，苏秦逐个指出了他们面临的危机。

3 指点可行的出路

替对方谋划，给对方出主意，设计摆脱危机的方案，实际上也就是“推销”自己的合纵主张。

对燕国，苏秦指出，其错误就在于“不忧百里之患而重千里之外”。怎么办呢？那就要“与赵国合纵，与天下诸侯联为一体，那么国家就不会有祸患了”。

而对赵王，苏秦则说：“我为大王着想，觉得不如联合韩、魏、齐、楚、燕、赵六国的力量对抗秦国。让各诸侯国的将相一齐到洹水来会盟，互相交换人质，杀白马，共订盟约。并要约定：如果秦国攻打楚国，齐国、魏国就各派精兵援助楚国，韩国断绝秦兵粮道，赵国渡过黄河、漳水牵制秦军，燕国把守常山之北；如果秦国攻打韩、魏两国，那么楚国就断绝秦军的后路，齐国派精兵进行援助，赵军渡过黄河、漳水，燕国把守云中；如果秦国攻打齐国，那么楚国就断绝秦的后路，韩国防守成皋，魏国堵住它的粮道，赵军渡过黄河、漳水，指向博关，燕国派精兵进行援助；如果秦国进攻燕国，赵国就防守常山，楚国驻兵武关，齐军渡过渤海（今沧州），韩国、魏国派出精兵进行支持；如果秦国进攻赵国，那么韩国就驻军宜阳，楚国驻军武关，魏国驻军河外，齐军渡过清河，燕国派出精兵进行支持。诸侯中有不遵守盟约的，其余五国就共同讨伐它。如果六国实行合纵联盟对抗秦国，秦国就不敢出兵函谷关侵害山东六国了。这样，大王的霸业就成功了。”

对整天生活中秦国巨大压力下的魏王，苏秦则直言合纵策略能够避免遭到侵略的好处：“如果大王真能听从我的意见，六国合纵替对方谋划，给对方出主意，设计摆脱危机的方案。实际上也就是"推销"自己的合纵主张。

如果秦国攻打楚国➡齐国、魏国各派精兵援助楚国，韩国断绝秦兵粮道，赵国渡过黄河、漳水牵制秦军，燕国把守常山之北。

如果秦国攻打韩、魏两国➡楚国就断绝秦军的后路，齐国派精兵进行援助，赵军渡过黄河、漳水，燕国把守云中。

如果秦国攻打齐国➡楚国就断绝秦的后路，韩国防守成皋，魏国堵住它的粮道，赵军渡过黄河、漳水，指向博关，燕国派精兵进行援助。

如果秦国进攻燕国➡赵国防守常山，楚国驻兵武关，齐军越过渤海支援，韩国、魏国派出精兵进行支持。

如果秦国进攻赵国➡韩国就驻军宜阳，楚国驻军武关，魏国驻军河外，齐军渡过清河，燕国派出精兵进行支持。

结亲，专心合力，就一定不会遭到强秦侵扰。因此，我们赵王派我进献愚计，奉上明定的条约，听凭大王诏令。"

对于齐、楚、赵等比较强大的国家，苏秦指出，只有按照他的主张合纵抗秦，才能既保全自己利益，又有利于天下，最后可以成就霸业的最好出路，也是唯一可行的出路。

他对楚王说："大王如真的能听从我的劝告，那我就能让山东各国一年四季奉献礼物，遵守大王发布的诏令，把国家与宗庙委托给大王，并训练军队，任凭大王使用。所以说，合纵成功，楚国就能称王；连横成功，秦国就能称帝。如今楚国放弃了霸主的大业，却有了侍奉他人的名声，我认为这是大王所不足取的。秦国，是贪婪暴戾如虎狼的国家，有吞并天下的野心；秦国，又是天下的仇敌，主张连横的人都想割取诸侯之地来侍奉秦国，这就是所谓的奉养仇敌呀。大逆不道的行为，没有比这更厉害的了。所以，合纵成功，诸侯就会割地来侍奉楚国；连横成功，楚国就要割地来侍奉秦国。这两种策略之间的距离很远，对这两种策略，大王选择哪一个呢？所以，赵王派我向您献上合纵之计，奉上合纵盟约，以听凭大王的吩咐。”

在这个环节上，苏秦开始替对方谋划，给对方出主意，设计摆脱危机的方案。实际上，这也是“推销”自己的合纵主张。

4 飞钳术的运用法

"飞钳术"的要点是用褒扬来抓住对方心理，以推崇的手段抓住对方，不让他收回。

鬼谷子说：君臣上下之间的事情，有的距离很远却很亲密，有的距离很近却很疏远；有的在身边却不被使用，有的在离去以后还受聘请；有的天天都能到君主眼前却不被信任，有的距离君主十分遥远却听到声音就被思念。

苏秦以一介布衣的身份，能够在六国之间进行游说，并且得到他们的信任，被聘任为臣相，显然是达到了上面所说的"离去以后还受聘请"和"距离君主十分遥远却听到声音就被思念"的境地。

这是什么原因呢？答案在于苏秦模式的特点符合鬼谷子所说的"飞钳"和"内揵"的原则。

所谓飞钳，"飞"者是指情绪放纵，言论自由；而"钳"者，则是指夹住，使之不能自由活动。这是苏秦运用最多的一种说服人的术法，即按照自己的意图牵着别人走的术法。使对方随我方的意图而仰俯、升沉，同时使对方不失常态，才是真正得到了飞钳之术的精髓。

周武王率兵到了殷商，将要与纣王的军队开战。

纣王的士兵非常强盛，武王有些害怕，他说："天下都认为商朝国土广大，周朝国土狭小；认为商朝的人口众多，周朝的人口少；认为周朝的国力弱小，商朝的国力强大；认为周朝的形势危险，商朝的形势安稳；认为周王是诸湖，商纣王是天子。我们凭着这五项短处，去对抗商纣的五项长处，果真能够成就功绩吗？"

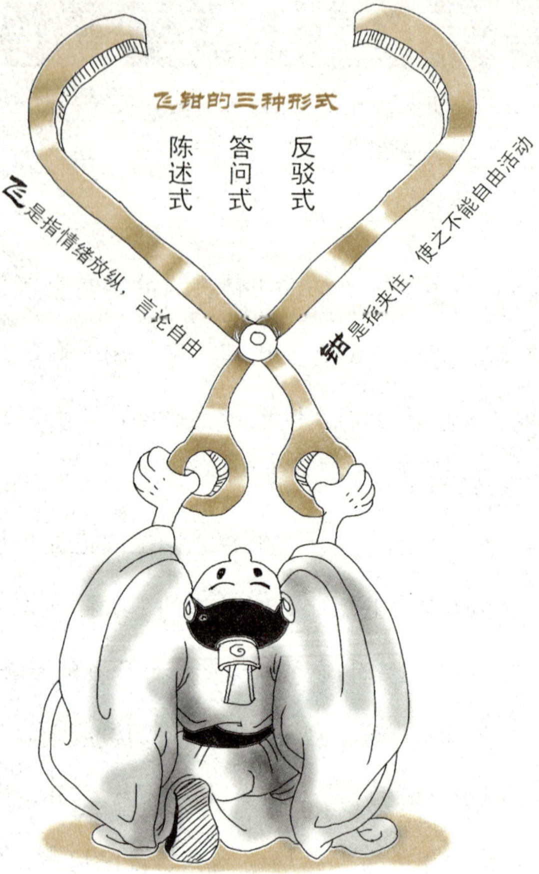

姜太公说：“大王您不要害怕。所谓的广大，是指能够得到天下所有百姓的拥护；所谓的众多，是指能够得到天下民众的支持；所谓的盛大，是指能有号召天下人的能力；所谓的平安，是指能够满足天下人的愿望；所谓的天子，是指能做到与天下的人相互爱戴、爱护，如同父亲与儿子相爱那样，这样才是大子。今天我们的举动是替天下的人铲除贪婪的强盗呀。周朝虽然小，只铲除一名贪婪的强盗，还不应当吗？”

周武王受到鼓舞，非常高兴地问：“什么叫做残贼呢？”

姜太公说：“他收罗天下的珠宝、玉石、美女、金银、绫罗绸缎，占有之心从不满足，这叫做贪婪；任用残忍凶暴的官吏，杀害没有犯罪的人，从不使用律法的规章，这就叫做强盗。”

这个故事说明，要用好“飞钳术”，就要揣摩对方的智能和想法，度量对方的实力，估计对方的士气，然后跟踪对方的思路，以“飞钳术”进行说服。

三国时，袁绍当了讨伐董卓联军的盟主之后，非常傲慢，陈留郡（今河南省开封一带）的太守张邈义正词严地谴责他。袁绍命令曹操去杀张邈，曹操虽然不肯听从袁绍的命令，但张邈的心里很是不安。

等到曹操去东方攻打陶谦的时候，张邈派将军陈宫率兵屯据在东郡（今河南省濮阳县南），陈宫乘机劝说张邈：“现在天下四分五裂，英雄豪杰纷纷起事，你拥有近十万的人马，正处于四方必争的要冲之地，如果你手持宝剑虎视四方，那么也可足以成为人中豪杰。可是现在反而受制于人，难道不觉得目光大短浅了吗？现在兖州的军队都去东征，这个地方的兵力正好空虚，吕布是一位勇敢的壮士，英勇善战无人可比，你把迎接来，和他共同驻守在兖州，观察天下的形势发展，等待着时局的发展变化，这样就可以在一个时期称雄于天下了。”

张邈听从了陈宫的建议，反叛了曹操。

陈宫在这里所用的，也是一种“飞钳术”。要点是用褒扬来抓住对方心理，以推崇的手段抓住对方，不让他收回。所以，要想诱导对手顺着自己的思路说话，在诱导时就要忽同忽异，最后成功地说服。

由此可见，苏秦模式如果能用好，就能够使对方受命于自己指出的愿景。这样，自然就可以通过“飞钳术”达到游说的目的。

5 内揵术的运用法

“内揵术”的根本方法，就是拉近与游说对象在心理和理念上的距离，使其认为自己的游说是对的。

如果飞钳术可以使一盘散沙变成一个联盟的话，那么这个联盟不是稳固的。这时就要用到内揵术来加以稳固。《鬼谷子·内揵篇》中说，所谓“内”，就是采纳意见；所谓“揵”，就是进南计策。想要说服他人，务必先悄悄地揣测；度量、策划事情，务必要循沿顺畅的途径。暗中分析是可是否，透彻辨明所得所失，以便影响君主的决策。

苏秦模式能够根据不同的诸侯国，分析其经济和军事的优势，并且把这些条件与各国君主最关心的问题联系起来，因此与游说对象的心意暗合，而且雄辩地证明了他的主张是可行的。

我们以苏秦说服赵王为例，来说明他是如何坚定对方信服自己的决心的。

苏秦利用赵王有成霸业的想法，但又夹在齐、秦两个大国之间左右为难的心理，提出“安民之本，在于择交”的观点，并进一步指出：我听说古代的尧一开始没有一点儿权势地位，舜没有尺寸之地，而后来他们都拥有了天下；禹聚集的人群不到100人，而后来成为诸侯之王。商汤、周武王的士兵不足3万，战车不足300辆，而后来都成为天子。这实在是因为他们都实施了正确谋略的缘故。

他的意思是说，现在赵国虽不如秦国那么强大，但如果也“得其道”，将诸侯各国联合起来，就会五倍十倍于秦。“秦甲不必不敢出于函谷以害山东矣!如此，则霸王之业成矣!”

这里所表现的，就是“内揵术”的根本方法，即拉近与游说对

象在心理上和理念上的距离，使其认为自己的游说是对的。

总的来说，苏秦的说服模式可以归纳为：肯定有利条件——指出面临的危机——指出可行的出路——分析利弊，坚定其决心。

六国相对于强大的秦国来说，是一个“弱势群体”。因此，苏秦所面临的局面，要比自己的对手张仪要复杂得多。为此，他采用了相对缓和的、以分析劝导为主的“利导法”。事实证明，他的说服是成功的。

柒

势禁

瓦解联盟的游说模式

1 危言耸听造压力

势禁法也就是指出对方的劣势，告诉对方“你不行”，给对方造成一种居高临下的“威势”和压力。

当秦国力量还远没达到战国后期一国独大的局面时，它需要推行连横政策。表面上看，它通过加强所谓的横向联合，创造相对和平的外部空间，但在求得一种和平均衡的表面背后，其更深的用意在于，借此来重新挑起战争，让六国互相消耗，以便坐收渔人之利。

因为一旦山东六国的联盟形成，那么羽翼尚未丰满的秦国，也有可能向前期的魏国那样，使自己的前期优势在与六国联盟的混战中消耗殆尽。强大一时的魏惠王，当初就是经过邯郸、桂陵、马陵、西线等大战，把魏文侯积累的家底全部败光的，最后终于地裂兵残，江河日下。

因此，为秦国瓦解山东六国的联盟，就是张仪进行游说的根本目的，他的游说方法时刻围绕着突出秦国的强大与挑起对合纵联盟的不信任而进行。因此，危言耸听是张仪说服术的最大特点，可以称为势禁法。

所谓势禁法，就是指出对方的劣势，告诉对方“你不行”，给对方造成一种居高临下的“威势”和压力。

对赵武王，他先警告说：因为赵王统帅诸侯对抗秦国，秦国不敢向函谷关以东出击。大王威震天下，秦国对赵国早已心怀愤恨，正修缮武器装备，整顿战车战马，卧薪尝胆。目前，秦国西面攻下巴、蜀，兼并汉中；东收东西两周，把象征天子的九鼎运到西方，

警告赵武王

秦对赵早已心怀愤恨，正修缮武器装备，
整顿战车战马，卧薪尝胆，要来报仇。

吓唬魏王（百分百耸人听闻）

魏国的版图，地处中原，土地纵横不到一千里，就像一个空心的马蹄子，东边是齐国，西边是秦国，北边是赵国，南边是楚国。随时都会四分五裂。

威慑楚怀王

秦国土地广阔，占半个天下；武力强大；
周围环山，东绕黄河，屏障险要，国防巩固。
战士百万，战车千辆，战马万匹，粮积如山
法令严明，将帅智勇，一旦出兵，
夺得恒山的险隘轻而易举。

恐吓韩王

你们韩国又弱又穷人少胆小，饭还不够吃。
秦国富强人口又多特别是拼命三郎多，
一天吃饱了没事干就想找架打。
各国诸侯不估计自己兵力之弱，粮食之少，
却听信主张合纵联盟的游说之士花言巧语，
他们互相勾结，自我标榜，欺骗耽误君主，没有比这更厉害的了。

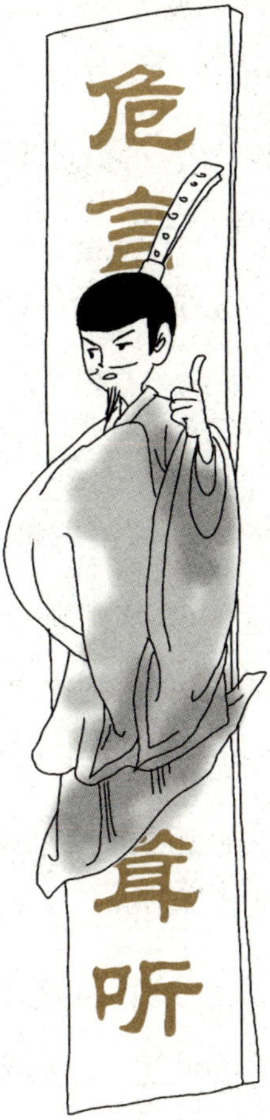

势力已经很强大了，要来报仇。

而张仪到魏国时，正值秦国打败了韩国将军申差的部队，杀死8万人。张仪就借机吓唬魏王说：“我研究了魏国的版图，它地处中原，土地纵横不到1000里，就像一个空心的马蹄子，东边是齐国，西边是秦国，北边是赵国，南边是楚国。真是随时都会四分五裂的地方啊！这样，魏国士兵只好把守四方，仅守卫边界守望台和城堡的兵力就不下10万人。四方诸侯不断侵扰，您身处都城，但士卒都死在了外边，地方不断割削，处境十分堪忧，您下一步想怎么办？”

事实上，张仪的这些话是百分之百的耸人听闻。当初商鞅提出攻打魏国，曾指出过魏国的有利地形：处于险要的地势之间，独据山东的有利地势，是秦国最大的威胁。但在张仪的危言耸听之下，魏国甘心放弃了合纵联盟，成为秦国附庸。

而对于楚怀王，张仪首先指出秦国兵精粮足的强大威力：“秦国土地广阔，占有天下之半；武力强大，可与诸侯对抗；四境有险山阻隔，东边又绕着黄河，四边都有险要的屏障，国防巩固如同铜墙铁壁。还有战士百万多人，战车千辆，战马万匹，粮食堆积如山，法令严明，将帅足智多谋而又勇武，假如秦国出兵，夺得恒山的险隘就像卷席那样地轻而易举。这样，就控制了诸侯的要害之地，后来臣服的人必然遭到灭亡。”

随后，张仪又去恐吓韩王，用的是比较两国优劣的方法：“韩国地势险恶，百姓多居山地，出产的粮食不是麦子就是豆子；土地方圆不到900里，存粮不够两年。预料大王的士卒连烧火做饭、养马、做杂役的统统在内总共不过30万，而秦国有战士百余万，战车千辆，战马万匹。勇猛的战士不穿鞋、不戴盔；弯弓、持戟，奋不顾身的不计其数。秦国士卒与六国士卒相比，就像无敌勇士孟贲与懦夫相比一样；秦国重兵压向六国，更像大力士乌获对付婴儿一样。各国诸侯不估计自己的兵力之弱，粮食之少，却听信主张合纵联盟的游说之士的花言巧语，他们互相勾结，自我标榜，欺骗君主，没有比这更厉害的了。”

在这几次游说中，张仪说得理直气壮，紧紧抓住了对方惧怕强秦的心理，从气势上压倒对方，制造力量悬殊的恐怖气氛，从而从心理上给对方以巨大压力。

2 骨牌效应破幻想

瓦解联盟最难的是开始，以后随着连横阵营的扩大，每增加一个国家，对游说下一个国家的困难便减轻一点。

到了楚国，张仪对楚怀王说："搞合纵联盟的人，无异于驱赶一群羊去进攻猛虎。弱羊敌不过猛虎，这是明摆着的，现在大王不与猛虎友好，却与群羊为伍，我认为大王的主意完全打错了。"

张仪这番说辞的潜在背景是：根深蒂固的不信任，使得合纵联盟从一开始便危机四伏。合纵联名风雨飘摇，败势已成定局，楚王明知此理，想抢占先机，率先与秦国连横。

对燕王，张仪则借用赵国的开国国君赵襄子的故事，力陈赵国的"不可靠"："赵武灵王心狠手辣，六亲不认。他把亲姐姐嫁给代国，却在酒席上谋杀了代王，害得姐姐磨尖簪子自杀而死，难道以为赵王是可以亲近的吗？赵国发兵进攻燕国，两次围困燕都，胁迫大王，大王割地给他十座城赔罪，这才撤兵。现在赵王已经到渑池去朝拜秦王，献上河间来讨好秦国。如果赵王不讨好秦国，秦国出兵云中、九原，迫使赵国进攻燕国，那么，易水和长城就不会为大王所有了。"

来到韩国，他毫不留情地指责韩王："不估计自己兵力之弱，粮食之少，却听信主张合纵联盟的游说之士的花言巧语。"

而张仪对魏王则是指出各国联合的不可靠性："主张合纵的诸侯，说是为了使国家安定，君主尊贵，兵盛国强，这是诱人的美名。合纵的人相约结为兄弟之邦，在洹水上杀白马立盟誓，可是即使是同父母的亲兄弟，还要争夺钱财，何况这些诸侯？而你却要靠

张仪的游说

对楚王	根深蒂固的不信任，使得合纵联盟从一开始便危机四伏。
对燕王	借用赵国开国国君赵襄子的故事，力陈赵国“不可靠”。
对韩王	不估计自己兵力之弱，粮食之少，却听信主张合纵联盟的游说之士花言巧语。
对魏王	指出各国联合的不可靠性。
对赵王	指出合纵联盟事实上已经瓦解，并且对赵国意味着现实的危险。
对齐王	以齐鲁来比秦齐。

狡诈虚伪、反复无常的苏秦所献的计谋来保全国家，很明显这是不可能成功的。”

对赵王这个合纵政策的最早支持者，张仪更进一步指出合纵联盟事实上已经瓦解，并且对赵国意味着现实的危险：“过去大王听信合纵之策，相信苏秦的计谋。苏秦惑乱诸侯，颠倒是非，阴谋颠覆齐国，未能得逞，自己白白被车裂于齐国集市上。诸侯不可能结成联盟，已是显而易见的。现在，楚国与秦国结为兄弟友邦，而韩、魏两国臣服于秦，成为秦国东面的属国，齐国也贡献鱼、盐之地，这是断了赵国的右臂。砍断了右臂，还想与人相斗；失去盟国，孤立无援，要想没有危险，这怎么可能呢？”

张仪在各国的说辞中几乎都用同样的道理分析合纵政策是靠不住的，指出合纵联盟事实上已经瓦解，其用意就是进一步打破对方的幻想，瓦解其信心。

张仪游说齐王时，以齐鲁来比秦齐。他说：“我听说，齐国与鲁国三次交战，鲁国名义上虽三次取胜，可实际上却有亡国之祸，这是为什么呢？因为齐国大而鲁国小。现在，齐国跟秦国就相当于鲁国跟齐国。”

一人游说六国在今天看来似乎是不可能的，但是从另一个角度分析一下，其实并不神秘。最难的是开始，以后随着连横阵营的扩大，每增加一个国家，对游说下一个国家来说，困难便减轻一分。因为，张仪不仅是多了一份可以说服人的有力证据，更重要的是他营造了一种越来越厚重的无形压力。

3 落井下石指危险

当对方所有的底线已经摇摇欲坠，就意味着“战略包抄”已经完成，只剩下收网的工作了。

在制造恐怖气氛之后，张仪就开始对他的游说对象进行落井下石的恐吓。这种恐吓是赤裸裸的，也是十分实际的。

他恐吓韩王说：“如果大王不孝敬秦国，秦国就会出兵占据宜阳，切断韩国上党的交通，东面占据成皋、荥阳，那么鸿台离宫、桑林御苑就不再为大王所有了。如果封锁了成皋，切断了上党要道，那么，大王的国家就被割裂了。”

他恐吓楚王：“我曾听兵法上说过：兵力不强，切勿挑战；粮食不足，切勿持久。秦国西有巴、蜀，用船运粮，自汶山起锚，并船而行，顺长江而下，到楚都有3000多里。并船运兵，一船载5000余人，和运运粮船同行，浮水而下，一日行300百多里。路程虽长，却不费车马之劳，不到十天，就到达捍关，与楚军对峙；捍关为之惊动，因而自竟陵以东，只有守卫之力，黔中、巫郡都不为大王所有了。秦国又出兵武关，向南进攻，则楚国的北部交通被切断，秦军攻楚，三月之内形势将十分危急，而楚国等待诸侯的援军，要在半年之后，这将无济于事，依靠弱国的救援，忘记强秦的祸患，这就是我为大王所担忧的。”

他恐吓魏王说：“如果大王不去侍奉秦国，秦国就会发兵进攻河外，占领卷、衍、酸枣等地，控制卫国，夺取晋阳，这样赵国就不能南下；赵国不能南下，魏国就不能北上；魏国不能北上，那么合纵的道路就断了。合纵道路一断，那大王想不遇危险是不可能

的。再有，秦国若是胁迫韩国去进攻魏国，韩国迫于秦国的压力，不敢不听。秦、韩联合为一个国家，魏国就会马上灭亡。”

他威胁齐王：“大王如果不向秦国表示友好，秦国就会迫使韩、魏南面进攻齐国，赵国就动员大军渡过清河、漳水，直指博关，而临淄、即墨就不会为大王所有了。齐国一旦遭到进攻，那时想要向秦国表示友好，也不可能了。”

他威胁赵王说：“现在秦国派出三路大军：一路把守干道，通知齐国，使其派出大军，渡过清河，驻扎在邯郸以东；一路驻扎在成皋，驱使韩、魏两国驻军于河外；一路驻军于渑池。四国相约共同进攻赵国。赵灭以后，必定四分其地。”

在这里，张仪以其过人的胆量，把一份份战表递给了对方：如果“不事秦”，就将面临灭顶之灾。

前面三步棋从对方利害出发，对其谈判意图做出引导性的阐释和发挥，环环相扣，步步紧逼，把对方所有的出路都堵得严严实实。到第三步现实威胁讲出时，对方所有的底线已经摇摇欲坠，张仪的“战略包抄”已经完成，只剩下收网的工作了。

4 一线光明逼就范

在经过一番恐怖气氛的营造后，向对方指出一个出路，给对方一个解决危机的方案，就可以逼其就范。

张仪在经过一番恐怖气氛的营造后，又向对方指出了一个出路——解决危机的方案，然后进一步说明这样做的好处和不这样做将带来的灾难性的结果，逼其就范。

比如，他为魏王设计的出路是：“为大王盘算，不如侍奉秦国，只要侍奉秦国，那么楚、韩一定不敢妄动；没有楚韩的侵扰，大王就可以高枕无忧，国家也必定没有忧患了……如果大王不听从我的意见，秦兵出动攻向东方，那时即使想去侍奉秦国也不可能了。”

张仪给楚王的出路是：“秦、楚两国接壤，本来是友好国家。大王果真听从我的劝告，我可以让秦太子做楚国的人质，让楚太子做秦国的人质，让秦女做侍奉大王的洒扫之妾，并献出万户大邑作为大王的汤沐邑，从此秦、楚两国永远结为兄弟之邦，互不侵犯。如果真是这样，我认为没有比这更有利于楚国的了。”

不过，说一套、做一套是纵横家们常用的伎俩。为了促成秦、韩连横，张仪刚从楚国出来便出卖了楚国。但是，这并不妨碍对方按照张仪设下的圈套往里钻。

张仪给燕王的出路是：“如果大王投靠秦国，秦王一定高兴，而赵国又不敢轻举妄动。这样，燕国西边有强秦的援助，南边解除了齐、赵的祸患，希望大王深思熟虑。”

他给赵王的出路是：“我私下为大王考虑，不如和秦王会晤于

张仪的说服模式

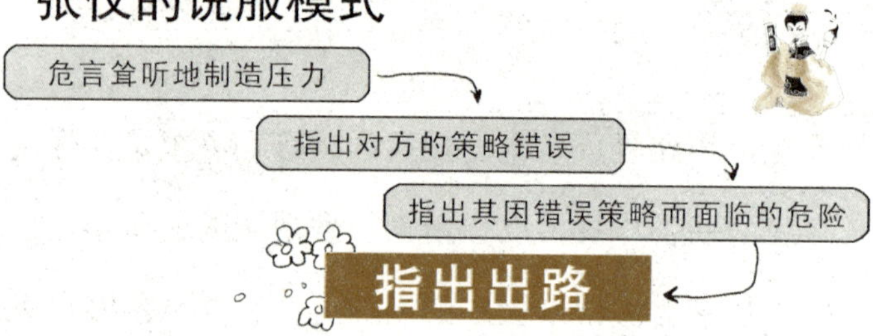

渑池，当面交换意见，亲自决定问题。我请求秦王停兵，不再进攻赵国。”

他给韩王的出路是：“不如去讨好秦国。秦国的愿望，就是要削弱楚国，而能削弱楚国的，只有韩国。这并不是因为韩国比楚国强，而是韩国的地形使它有这种优势。现在，大王如果往西讨好秦国而又去进攻楚国，秦王一定高兴。那么，进攻楚国而独据楚地，转祸为福而取悦于秦王，任何计谋也没有比这更有利的了。”

战国时战乱不息，战略利益就是国家利益。韩王最担心的就是兵不如人，宜阳、成皋一旦失守，国家就有被割裂的危险。张仪一语中的，直击要害，韩王不得不乖乖就范。

张仪的第四步是以“为大王计”、“为大王谋”的名义，给对方指出一条唯一的出路，逼其就范。最后，对方只能按照张仪设计的策略，背弃合纵联盟，向秦国割地称臣。张仪的说服目的就完全达到了。

总的来说，张仪的说服模式可以归纳为：危言耸听地制造压力——指出对方的错误策略——指出其因错误策略而面临的危险——指出出路。

张仪的背后是强大的秦国，游说活动常常是伴随秦国的军事行动进行的。作为这样一个强大国家的代表，他的说辞具有直言不讳、态度强硬的特点。如张仪说服魏王归顺秦国之前，秦国曾先对魏发动过三次军事行动。这是第四次扬言要攻打魏国，并且先出兵打败韩国的军队，斩首8万，诸侯震惊。正是在这样的情势之下，张仪再次说服魏王放弃“不事秦”的初衷，而背弃纵约，归顺秦国，这个结果恐怕是不由得魏王不从了。

5 并非是以势压人

"飞钳术"的一个基本特点是尽可能用同情心，从对方的立场尽可能多的进行陈述。

张仪的说服模式，看似纯粹的以势压人，实则有很巧妙的技巧。这在后世有很多巧妙的化用。

汉孝文帝刘惠的时候，吴王的太子入京，被皇太子打死，吴王因此称病不入朝。等汉王朝削除吴的土地的文书到达，吴王马上派中大夫应高去挑拨胶西王刘印。应高见胶西王说："我们的吴王不才，他有旧日的愁忧，不敢离开本国到外地去，因此派我来告知他内心的心事。"

胶西王说："有何指教？"

应高说："现在皇上被奸臣所蒙蔽，好贪小便宜，听信谗邪之人的话，擅自改变法令，侵夺诸侯的土地，征求愈来愈多，诛杀处罚善良的人也愈来愈厉害。俗话说'吃完了米糠，就会吃到米粒来'，吴与胶西是有名的诸侯，同时被验察，恐怕不得安宁了。吴王有心病，不能上朝请安已有20多年之久，即使现在敛起了肩膀，叠起双脚，畏惧请罪、卑躬屈膝，还是害怕。我听说大王您因为卖官爵的事而有罪，听说诸侯被削土地，其罪不至于卖爵那么大，大王此事恐怕不只削地了。"

胶西王说："是的，有此事，那你说我将怎么办呢？"

应高说："憎恶相同的互相帮助，兴趣相同的互相留，情况相同的互相成全，欲望相同的互相趋赴，利益相同的互相死难。现在吴王自认为与大王有同样的忧患，希望借着时机，顺着事理，为天美国前总统顾问罗杰·道森曾经创立的优势谈判理论，与张仪的说服法有异曲同工之妙。

提高要价震慑对手的好处

1 因为开出的条件几个只能下不能上，高起点能为游说争取更广阔的空间。
2．对方存在认输的可能，如果十次里赢了一次就可以获得巨大利益。
3．提升自己在对方心目中的地位，因为他们习惯地认为高要价意味着高实力。
4．让对方在最后认输时不致于有太多挫折感，而认为是客观形势使然。

下除去患害，这样可以吗？”

胶西王很惊骇地说：“本人怎敢如此呢？现在皇上虽然逼得很急，本来只有一死啊！怎么可以不去拥戴他呢？”

应高说：“御史大夫晁错一直迷惑天子，侵夺诸侯的土地，蔽塞忠贞贤良之士的进取之路，朝廷之臣都有痛恨之心，诸侯也都有背叛之意，人事已到了困极的地步。流星的出现，蝗虫不断地发生，这是万世当中唯一的好机会，而且忧愁劳苦的时候是圣人所以产生的原因。所以，吴王想对内以讨伐晁错为名，在外追随大王车乘之后，走遍天下，所到之地则都投降，所往之地则都克服，天下的人没有敢不顺服的。大王若真能答应一句话，那么吴王就率领楚王攻下函谷关，守住荥阳敖仓的米粟，来抗拒汉兵。修治军队驻扎的房舍，以等待大王的到来。大王又真的能够到来，那么天下就可以统一，两个君主来分割天下，不也是可以吗？”

胶西王终于答应：“好。”

于是吴、楚、赵、胶西、济南、淄川和胶东这七国的诸侯王起兵反叛，结果失败，被诛杀。

“飞钳术”有一个基本特点，就是尽可能用同情心，从对方的立场尽可能多的进行陈述。如果对方没有回应或故意装作不明白，那么就必须旁敲侧击，抛出对方真正感兴趣的要害话题，以打开僵局。至于话题的选择，要切中事关双方利害的焦点。

6 从危字下下工夫

依人的欲望而投其所好，就可以得之为己所用；针对人的恐惧而加以威胁恫吓，就可以牵着他的鼻子走。

鬼谷子认为，任何人都有弱点，要攻破对方弱点，才能实施我方的计划。张仪所利用的，就是各诸侯国害怕秦国进攻而丧失国土、甚至失去整个国家的恐惧。与此相关，张仪模式的关键就在于找到了对方最害怕的东西，加以利用。

张仪的说服方法就是以可能性为根据，运用逻辑推理的方法，把某一种可能产生的危险后果加以恰当的夸张，把问题的严重性一一针见血地指出来，使对方由怦然心动到震惊愕然，从而引发注意和思考，改变自己原来的观点。

一位人寿保险推销员到军队里面推销，推销效果居然达到100%！为何如此神奇？让我们来听听他是如何进行推销演讲的：“如果你们购买了人寿保险，政府会付给家属20万元，如果没有购买，那么政府只会付给家里6000美元。”

一位新兵站起来问：“与我们的生命相比，6000美元和20万元又有什么不同呢？”

一般的推销员在这个时候也许从士兵家属的角度去阐述他们的观点，但是这位推销员却从另一个角度来阐述。推销员微笑着对这位士兵大声说：“不同之处大了。战争期间，国内的经济稳定非常重要！你想想，假如你是政府，一旦战争爆发，你会先派哪种士兵上战场？”

张仪的说服法，在内容上来看，关键在于一个“危”字。运用张仪的方法说服别人，必须要在“危”字上大做文章，要有一个出

任何人都有弱点，要攻破对方弱点，才能实施我方的计划。

人意料的论断，而且这个论断要语惊四座，令人深思。

正是基于人性的弱点，游说不同的人必须采取不同的方式，进行威吓。一般来说，人惧怕的东西和他喜好的东西一样多，国君害怕国破，老百姓害怕家亡，有名望的害怕失去名望，有地位的害怕失去地位。越是害怕失去的，越是拼命地想要保有。有的人并不想杀人，也不想放火，可是为了保住他的名望、地位，他们开始杀人、开始放火，开始做一切他们原本并下想做、也不愿意做的事情。所以，只要找到了一个人所害怕的东西，就不愁他不会跟着自己走。

“趋利避害”四个字说明，人除了有欲望需要满足外，人还有恐惧需要逃避。依人的欲望而投其所好，可以得之为己所用；针对人的恐惧而加以威胁恫吓，就可以牵着他的鼻子走。

捌

鼓刀扬声

推销自己的妙法

1 先要注重自我推销

在这个电子广告和大众邮件发达的时代，人们的注意力高度分散，这需要你在最短的时间内向他提供必要的信息。

在社会上生活，谁都希望别人能承认、尊重、赏识自己的知识和才能。为了达到这些目的，每个人都在想方设法地在他人面前表现或推销自己，以在社会生活中取得一席之地。

纵横家认为，人生在世，推销自己并获得重用是第一位的，甚至高于理念的实施。在这一点上，他们的认识和其他各家是不同的。儒家讲究“邦有道则仕，邦无道则隐”，墨家也以自己的理念为推销对象，而不是把荣华富贵作为目标。

墨子和公上过一起来到越国。公上过前去拜见越王，把墨子的主张告诉了他，越王听后说：“你的老师墨子先生若肯留在越国，我就将阴江边上的7500户人家封给他，您看怎么样？”

公上过听后很高兴，赶紧回去将此事告诉给了墨子。墨子听后问他：“你看越王能听我的规劝、用我的主张吗？”

公上过想了想说：“恐怕不能。”

墨子说：“不光是越王不了解我，就是你也不了解我。若是越王能真的听我规劝、用我的主张，那我墨翟只要能吃饱穿暖，做个客居在此的普通百姓，也就知足了。我并非是来贪求什么高官厚禄的。如果越王听不进去我的话，不用我的主张，他就是把整个越国都给我，又有什么意义呢？”

而纵横家认为，每一个人要在政治舞台上施展抱负，就必须首先获得自己的权力空间。为了使君主采纳自己的计策，他们先要使

出全部招数，把自己推销给君主，让其认可和重视自己。

纵横家们以他们的智慧和经验，创造了很多推销自己的方法。他们游走于各国的权贵之门，穿梭于各国的权贵之间，抓住一切机会表现和推销自己。

张仪由魏国一名不起眼的人物，一跃成为秦、魏的宰相，他是以滔滔辩才登上万人瞩目的高位，执战国政局之牛耳，可谓真正大丈夫。连司马迁也不得不承认，他是一位极其聪明的高危人物。

苏秦出生于洛阳，就去求见周显王，奏以强国之术。显王左右的臣属都知苏秦出身农贾之家，怀疑他是纸上谈兵，没啥真才实学，都不肯保举他。后来，他又到秦国，向秦国国君嬴驷推销过统一中国的策略。嬴驷刚刚杀了公孙鞅，正讨厌所有的外国人，苏秦碰了一鼻子灰，最后耗尽了旅费，几乎是乞讨着回到故乡的。

正在织布的妻子看见久别的丈夫落魄归来，连身子都没有移动。苏秦向他正在煮饭的嫂嫂索饭充饥，他嫂嫂好像没有听见。苏秦惭愧之余改变主张，提出对秦国采取合纵对抗政策。

苏秦下工夫研究国际局势与人们的心理，疲倦的时候，他用铁锥猛刺自己的双腿，血流遍地。他再度出发，先去见燕昭王，这一次他获得了突破性的成功。

张仪和苏秦这种完全靠自己的游说，来谋得显赫地位和财富的人，在战国为数不少。

在现代社会中，信用诚实和对人的关心，固然是发挥影响的有力工具，但自我推销也相当重要。特别是在这个电子广告和大众邮件发达的时代，人们的注意力高度分散，没有太多的时间来了解你，所以就需要你在最短的时间内向他提供必要的信息。假如你想成功，你必须用推销赢得别人的好感和信任。

2 想法吊对方胃口

短竿长钓守磻溪，这个机关哪得知；只钓当朝君与相，何尝意在水中鱼？

“推销自己”是一个人才能的表现形式，也是一种艺术。人一生其实只有一项工作，那就是推销。每个人的生存都需要大量的物质和精神资源，你要得到资源，就要与对方进行交易——销售自己的资源，换来自己想要的资源。凡是有大成就的人，都是人们对他有大需求的人。而人们之所以能认可他，关键在于他能销售自己，使自己价值连城、奇货可居。

司马迁说：“后世之言兵，及周之阴谋，皆宗姜子牙为本谋。”也就是说，他认为姜子牙是兵家和纵横家的共同鼻祖。这种说法是有一定道理的，抛开那些亦兵亦纵横的著作不说，就从姜子牙把自己推销给周文王的过程来看，就充满了令人回味的纵横家智慧。

姜子牙，名望，字子牙。他年轻时，在殷商朝廷做小官，目睹了纣王无道，于是逃到东海之滨，垂钓于尚湖之畔。后来，姜子牙又回到中原，寻访有为明君。这期间，为生活所迫，他先在商都朝歌屠牛卖肉，后又到孟津开铺卖食。直到72岁时，姜子牙听说周文王为仁德之君，他便西奔到岐山脚下。不久，他得知，周文王经常到渭河北岸打猎，于是姜子牙天天到渭河钓鱼，守株待兔。

这一天，文王的车马果然浩浩荡荡地驱驰而来。所有人都在路边观看，而姜子牙不但不起身，反而故意一动不动。

此举引起了文王的注意，他仔细一看，又被钓翁那特殊的垂钓

法吸引住了：鱼钩离水三尺，钩上没有鱼饵，而且用的是直钩。任何人看到这种钓鱼法，一定会感到不解、好奇。文王也觉得奇怪，于是下车主动与他攀谈。

姜子牙看到文王走过来，大声自言自语道：“负命者上钩来！”文王顿时听出他话里有话，于是开口问道：“你乐于钓鱼吗？”

姜子牙答道：“臣闻君子乐得其志，小人乐得其事。今天，我垂竿而钓，与此十分相似，并非乐于钓鱼。”文王又问：“钓鱼与志趣有什么相似之处？”

姜子牙答道：“操钓在手，有三种权谋变化：有以厚禄竭人才智的权谋，有以视死如归精神鼓励士兵的权谋，有以高官显位降服能人的权谋。”

姜子牙一边说，一边观察文王。他见文王态度谦虚，便继续侃侃而谈：“只要鱼吞食诱饵，就会受到鱼线的牵制；同样的道理，只要给大臣以厚禄，他就会屈服于君主。所以说，以饵取鱼，鱼可杀；以禄取人，人可竭。以家取国，国可报；以国取天下，天下可毕。”

这一席话深深打动了文王。两人越谈越深，大有相见恨晚之感。从此，年届古稀的姜太公得以施展抱负，运筹其经天纬地的韬略。

从直钩钓鱼，到自言自语，再到以钓鱼说政治，其目的无非就是吊起文王的胃口。有一首诗将姜尚的用心一语道破：短竿长钓守磻溪，这个机关哪得知；只钓当朝君与相，何尝意在水中鱼？

姜子牙自我推销的过程，屈原在《天问》中有这样的描述：“师望在肆，昌何识？鼓刀扬声，后何喜？”意思是说，姜子牙在铺子里卖肉时，有意把刀剁得叮当叮当响，并高声吆喝招揽顾客。“鼓刀扬声”说明，在古代，演示销售就已经开始萌芽了。

《离骚》中也写道：吕望之鼓刀兮，遭文王而得举。意思是，姜子牙用案板和刀作器具，用只有他和周文王才懂得的独特的声音，配合他高昂的嗓门，吸引了他的注意力，打破了隔在二人间的各种障碍。也就是说，用“鼓刀扬声”的独特方式，姜子牙成功地吊起了文王的胃口。

3 巧妙地自我介绍

自我介绍是交际的起点，然而如何通过自我介绍来表现出自己的价值和分量，如何沟通与对方的感情，使对方承认并接受你，却是一门不简单的学问。

自我介绍是交际的起点，然而如何通过自我介绍来表现自己的价值，如何沟通与对方的感情使对方承认并接受你，却是一门不简单的学问。

公元前680年，齐桓公打起周天子的旗号，统率陈、曹、齐三国兵马讨伐宋国。

桓公命管仲为前部先行。管仲一行来到猛山脚下，遇到一个身穿短衣短裤，头戴破草帽，赤着双脚的放牛人。此人扣牛角而高歌。管仲看此人虽衣衫褴褛，但相貌不凡，于是派人以酒肉慰劳，并把放牛人唤到跟前与之攀谈。攀谈中，他得知此人名叫宁戚，卫国人。管仲询问他的所学，放牛人应对如流。管仲遂修书一封，让宁戚转呈桓公。

三天后，桓公的车仗到了猛山，宁戚又拍着牛角唱道：“南山灿，白石烂，中有鲤鱼长尺半。生不逢尧与舜禅，短褐单衣才至骭。从昏饭牛至夜半，长夜漫漫何时旦？”

桓公听了很惊诧，问道：“你这个放牛人，怎么敢毁谤朝政？”

宁戚说：“小人怎敢毁谤朝政。我听说尧舜之时，正百官而诸侯服，去四凶而天下安，不言而信，不怒而威。而今北杏开会，宋国君臣半夜逃跑；柯地会盟，曹沫又来行刺。现在您假天王之命，以令诸侯，欺侮弱小的国家，如此以往，何时天下才得太平？”

现代人自我介绍原则——

自信、从容、大方	清晰地说出姓名，眼睛直视对方，用眼神和表情表示友善和热诚。
根据场合不同决定介绍内容	一般联系工作、宴会和公开秘方的自我介绍宜简明扼要，而在应聘、交友时应详尽一些。
自我评价要注意分寸	不宜用“很”、“最”等词过分夸耀自己，也不必有意贬低自己。
不可过分强调“我”	为免给人标榜自己的印象，尽量少用“我”字，多用承前省略主语句或用“我们”来代替。
巧报姓名	如果加点趣味性，有助于对方记住你，切忌借助别人名声给自己贴金。

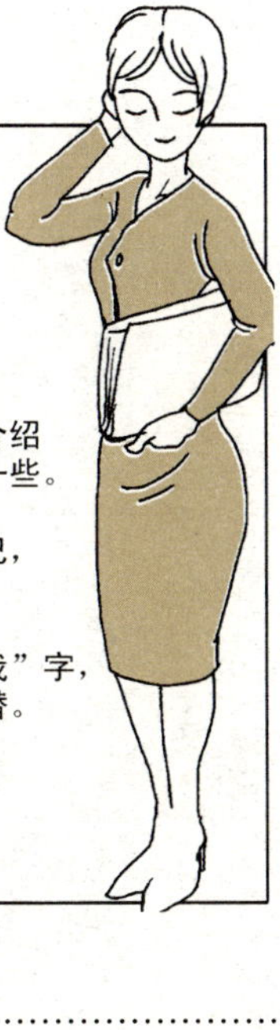

桓公听了勃然大怒：“匹夫出言不逊！”

宁戚面不改色，仰天叹曰：“桀王杀了关龙逢，纣王杀了比干，今天您杀了我，我就是与关龙逢、比干齐名的第三条好汉了！”

齐桓公看到宁戚胆识过人，怒气顿消，命人与之松绑。这时宁戚才将管仲留下的书信交给桓公。桓公大喜道："既有仲父的书信，为什么不早呈寡人？"

当晚在烛光下，桓公拜宁戚为大夫，让他和管仲同参国政。后来，宁戚为桓公游说宋国，宋国加入联盟。

汉武继位之后，下诏要求各地广泛推举贤良方正之士。东方朔从中脱颖而出，这固然因为他文采出众，但更重要的是他思维敏捷，懂得使用技高一筹的自我介绍法，所以一举获得了成功。东方朔的办法是"海吹"，他写了一份夸大其实的自我推荐，《史记》评之为："文辞不逊，高自称誉。"不过，他出奇制胜，先声夺人，汉武帝一下记住了"东方朔"三个字，并且大加赞叹。

4 奇货也需要包装

只有把“奇货”包装好，才能成功地推销出去，为自己带来丰厚的报酬。

具有先见之明的人，往往因其眼光独到而拥有“奇货”。但如何把“奇货”成功地推销出去，为自己带来丰厚的报酬，却是一门不容易掌握的学问。

商鞅是法家的代表人物。当年，秦孝公下令招贤，商鞅于是离开魏国来到秦国，他求见孝公的宠臣景监。景监就与商鞅讨论治国大事，知道商鞅是有才能的人，于是向孝公推荐。

商鞅历举羲、农、尧、舜先帝的治国方略，尚未陈述完，孝公听着听着便睡着了。第二天，景监入见，孝公责备他：“你的客人是个夸夸其谈的人，迂阔无用，你怎么推荐这样的人呢？”

景监退朝后，责怪商鞅以迂阔之言献孝公，商鞅答道：“我盼望君王奉行帝道，可君王没有领悟，希望再见一次。”

过了五天，商鞅再次拜见孝公，详细陈说夏禹画土定赋以及汤武顺天应人的故事，孝公又婉言谢绝说：“你确实够博闻强记的，但是古今形势不同，你所说的在今天不管用。”

景监见孝公两次都回绝了商鞅，更加说商鞅没希望了。商鞅回答说：“我先前没有明察君王的心意，恐怕君王志趣高远，而我的言论太卑微，因此才暂且试探，现在我知道了。如果让我再次面见君王，不怕说不中。”

商鞅再次见君，一番“霸术”之言，说得孝公心潮起伏，兴致盎然。商鞅于是中途请退，请求孝公深思熟虑三天，再决定是不是

实行。

第三天，孝公早早派了一个车队来迎接。商鞅进了宫，孝公先赐座，然后才请教。于是商鞅详细地解析了秦国应当改革的东西，双方一问一答，三天三夜没停，可是孝公一点也不感觉累。他拜商鞅为左庶长，赐黄金百镒，并告诉群臣：“今后国政悉听左庶长施行。有违抗者，和违抗圣旨一样！”

由话没说完而孝公便睡着，到一连对谈三天三夜毫无倦色。可见，商鞅自我推销的工夫之高明。

除了语言的包装，自我推销还要注意外表。

比如说，对衬衫的皱折、污迹十分注意的人，常常给人谨慎细心的印象。衬衫不整洁，给人一种不可信赖的感觉。不喜欢系领带的人，常常是性格豪放不羁或不愿受规则束缚的人。鞋子在古代代表权威或权力，一双整洁、干净的鞋子，代表情绪稳定或者在追求一种情感。对鞋子的好坏过分敏感的人，对金钱也十分敏感。一双质地很好的鞋子搞得很肮脏，给人做事不可靠或缺乏注意力以及不善于生活和处世的印象。

此外，很多人依靠观察手指来判断人。手指经常处于弯曲状态的人，不易相处；小指保持弯曲状态的人，对经济和财富很有头脑。指甲保留得很长的人，要么具有自我显示欲，要么存在反抗心理。手指举措不定是内心不安的表现，而牢牢地隐藏起自己手指的人，是一个性格内向或谨慎小心的人。修剪好你的指甲，不要藏污纳垢，以良好的情绪来控制你的手指运动，手指会给你的增加分数。

5 借势的快捷方式

在出山之初，他们即使有足够的智慧去谋划布局，也没有这个能力去开展，唯有借人布局一条路可走，即借势。

管仲与鲍叔牙堪称莫逆之交，鲍叔牙最了解、最信赖管仲，当初还想与管仲共同辅佐公子小白，管仲却不同意。管仲说："你我若是跟了一个主人，万一遇到什么不测，只能是一起为主人殉葬，不如分开，各事其主，遇到事情也能够互相援救。"

于是，管仲和召忽辅佐了公子纠，鲍叔牙则辅佐了公子小白。

后来齐襄公被杀，公子小白回国即位为齐桓公。公子纠也在鲁国军队的支持下回齐继位，却被齐桓公打得大败。齐桓公又向鲁国下书，要求庄公立即杀死纠，并将管仲押送回齐国，以此作为两国和平的条件。鲁庄公只好照办。

管仲回到齐国之后，才知道鲍叔牙向齐桓公推荐管仲，又怕鲁国不肯放，才想出这个妙法，使他回国辅政。

在管仲的辅佐下，齐桓公成就霸业，多次联合各国诸侯主持盟会，使天下一切得到匡正，这都是管仲的谋划。而鲍叔牙推荐管仲以后，自己甘愿做他的下属。鲍叔牙的子孙世世代代在齐国吃俸禄，得到了封地的有十多代。

古人说，凭着管仲的贤圣却还要依靠鲍叔牙的帮助，这就是俗话说的"俘虏自己去卖皮裘衣服而卖不掉，读书人自己称赞自己的口才而不会被相信"之类的事吧。

也正因如此，历代纵横家们无不注重为自己造声势，让声势的浪头将自己推上事业的巅峰。但是在出山之初，他们即使有足够的

一 借权威人士的势，获取对方的信任。

二 借大环境大气候的势，影响对方的立场。

三 借特殊事物的势，与对方形成共鸣。

四 借文化积淀的势，获得对方的认同。

智慧去谋划布局，也没有这个能力去开展，唯有借人布局一条路可走，也就是借势。

向谁借势？成功者和有力者当然是一个不应放过的首选目标。与一般人相比，成功者和有力者具有更加宽泛的资源。有时普通人跑断了腿尚不得要领的事情，成功者和关键人物一句话就可以帮你搞定。这是现实，不服气也没有办法。

向成功者和有力者借势，你得先清楚一个问题：别人凭什么借给你。世上没有无缘无故的爱和恨，也没有无缘无故的借予与帮助。你要借势，先要给借势者找一个理由，让对方觉得借势与你是一件值得的事。

最常见的借势是利益驱动。帮我做了某事，事成后你会得到某些好处。为了避免过于赤裸裸，也可以称这事是别人托你办的，事后可以……这样，对方自然会很坦然地接受。但使用这种方法的前提是你不能违背法律和道德。其难度在于，对方可能根本就看不上你的所谓的回报。

与人相处，不能显得过于聪明，因为谁也不喜欢和处处比自己高明的人相处，那样会令人觉得备受压力，自信心受挫。甚至，有些上司会因你的咄咄逼人而视你为狂妄的家伙，并且从心理上拒绝接受你。倘若此时有一位上司信赖的“第三者”，能够替你在领导面前美言力荐，那么，你的推销就成功一半了。

6 新颖才可能脱颖

要用自己的言行影响别人，必须用新奇的方式、新鲜的语言，把自己的观点表达出来。

要想推销自己，除了必须具备真才实学外，还要让别人注意自己，要用自己的言行影响别人。这需要用新奇的方式，新鲜的语言，把自己的观点说出来，才能脱颖而出。

齐宣王执政之初性格暴烈，喜欢被人吹捧，政治昏暗。

这时，一个40岁未嫁的丑女无盐来到都城临淄，请求见齐宣王。宣王接见了她，一见面不由得吓了一跳。只见无盐长得额头前突，双眼下凹，鼻孔向上翻翘，头颅大，头发少，颈部喉结比男人的还要大，而且皮肤黑红。

齐王见她丑陋异常，故意问："我后宫的嫔妃已齐备了。你想到我宫中，请问你有什么特殊的本事吗？"

无盐直率地回答："没有，只是会点隐语之术。"

随后，她举目咧齿，手挥舞着拍膝盖，高声喊道："危险了！危险了！"一连说了四遍。

宣王被她弄得稀里糊涂，要她说个明白。无盐不慌不忙地上前施礼，说道："我这举目，是替大王观察风云的变化；张口，是惩罚大王那双不听劝谏的耳朵；挥手，是替大王赶走阿谀之徒；拍腿，是要拆除大王这专供游乐的雪宫。"

宣王听了不由得动容，无盐接着说："民女不才，但我也听说'君有诤臣，不亡其国，父有诤子，不亡其家'。而今大王沉湎酒色，不纳忠言，这是我张口为大王接受规劝的意思；敌人就要大

脱颖而出术

- 试探，通过刺激引起反应——在不了解对方需要时，用一些戏剧性的方式或语言进行试探，注意对方的反应。
- 说服，获得对方的配合而深入沟通——在基本了解对方的需要后，有针对性地进行“说服”。
- 诱导，诱发深层需求并加以满足——引导并使对方在“不知不觉”中接受你的自我推销。

兵压境了，您还被一群吹牛拍马之徒包围着，这是要误国的，因此我挥手将他们驱逐掉；大王耗费大量财力、物力、人力建造如此豪华的宫殿，弄得国库空虚，民不聊生，今后怎能迎战秦兵呢？我这才手拍大腿让大王拆除这座亡国的雪宫，说实话，大王确实犯了这四大错误。在这国家危如累卵的时候，我冒着杀头的危险来劝告大王，如能采纳我的意见，民女就是死也无憾了！”

无盐这一番振聋发聩的剖析，使齐宣王如梦初醒。他感动地说："如果你不及时来到这里提醒我，我哪会知道自己的过错啊！"

为了表明自己痛改前非，齐宣王让无盐做了皇后。至此，无盐的自我推销完全成功：不仅推销了理念，而且推销了自己。

无盐的这种表演，确实十分新颖，因此才得到宣王的认可。设想一下，以无盐之丑陋和宣王之暴力，如果正颜厉色地劝说宣王，后果会是如何？

无盐劝说齐宣王，先用四句"危险"引起齐宣王的注意和警惕，也就是先下劈断之语，一语惊人；然后再一条条地分析，阐述"危险"的事实根据。这种自荐的方式，确实不可谓不新鲜，也不可谓不振聋发聩。

7 逆向思维推销术

如果某方面的素质不是那么优秀，要在茫茫人海中获得青睐，没有一些别出心裁的形式是行不通的。

孔子曾经感叹："礼云礼云，玉帛云乎哉！"意思是说，礼并不在于敬献玉帛的表面形式。那么，还有什么可以作为礼呢？

隐士侯嬴是魏国首都大梁东门的守门人。魏国公子信陵君招贤纳士，家中门客多达3000。他听说侯嬴为人贤能，很有计谋，就派人前去问候，并赠送厚礼。侯嬴不肯接受，说："几十年来，我一直保持着高洁的品德，总不能因为贫穷的缘故，就接受公子的礼物。"

信陵君决定亲自上门邀请。为此，他特地大摆酒席，宴请宾客。等客人全部到齐坐定后，他带着随从的车马，空出车上左边的座位，前往东门邀请侯嬴。

侯嬴想观察一下信陵君对自己的态度，就穿着旧衣、戴着旧帽，登上车子，也不谦让，大大咧咧地坐在左边的空位上。只见信陵君拉着驾车的缰绳，态度更加谦恭了。

侯嬴上车以后，又告诉信陵君："我有个朋友在街上肉店里，烦劳你的车子让我去拜访他一下。"

于是，信陵君又驾着车子上街。到了肉店门前，侯嬴下车去见他的朋友朱亥，故意跟朱亥讲了很久，同时斜眼偷看信陵君的表情。只见信陵君脸色温和，没有丝毫不耐烦的样子。

这时，信陵君府中文武宾客坐满一堂，都在等候信陵君回府主持宴会。街上的人都在围观信陵君为侯嬴拉着缰绳驾车。信陵君的随从都恼火起来，没有一个不在暗暗地痛骂侯嬴，有的还准备找机

自我推销的三种逆向思维

1. **反转型逆向思维**：从已知事实的结构、价值、因果关系等三个方面进行反方向思考，产生推销的新途径。
2. **转换型逆向思维**：一种自我推销的手段受阻，换成另一种手段或角度，使推销顺利进行。
3. **缺点逆用思维**：利用自我的相关缺点，将缺点转化为对对方有用的东西，化不利为有利。

会打他一顿。

侯嬴看到信陵君的态度始终非常恭敬，这才告别朱亥，登车上路。

信陵君回府后，请侯嬴坐在首席，向宾客们介绍侯嬴，并赞扬他的贤德。宾客们见首席上坐的竟是一个看守城门的穷老头儿，都大吃一惊。酒喝得正高兴的时候，信陵君站起身来，向侯嬴敬酒祝寿。侯嬴乘机对信陵君说："今天我够为难公子了。我只是一个守门的下等人，公子却亲自驾车来接我；本来我不该在路上再去拜访别人，公子竟特地陪我去访客。而我也想利用这个机会成就公子礼贤下士的名声，所以故意让公子的车马在街上停了很长时间。我和客人谈话时，观察公子的态度，公子却更加恭敬了。这样，街上的人都会把我当作小人，而以为公子是一个品德高尚的贤人。"

直到这时，大家方才明白侯嬴这些做法的用意。这次宴会以后，侯嬴成了信陵君府上的贵宾。由此看来，以傲为礼，可以使人更受尊重。侯生故意对信陵君表示傲慢，一方面是为了使对方更受人尊重，另一方面也体现了自己的层次与见识，成功地获得对方的认可。这种推销法，比那些在大庭广众之中阿谀奉承、极尽溜须拍马之能事的做法，不知高明多少倍。

从这一点来看，侯生这位隐于市的高明纵横家，其实是运用了逆向思维的自我推销方法，既帮了信陵君的忙，也使自己的才华得到了认可。在现代社会中，这种思维同样有效。

郑小姐是某财经学院管理系的高才生，但因相貌欠佳，找工作时总过不了面试关。

经历了一次又一次的打击，她决定主动上门，专挑大公司推销自己。她走进一家化妆品公司，老总静静地听她从"永芳"、"紫罗兰"等外国化妆品公司的成功之道，说到国内"雅芳"、"霞飞"的推销绝招。

虽然她逻辑缜密，思维新颖，但老总问："小姐，恕我直言，化妆品广告很大程度上是美女的广告，外观很重要。"

郑小姐迎着老总的目光大胆说："美人的这张脸可以说是用了你们的面霜的结果，丑女这张脸则可以说是没有用你们的面霜所至，殊途同归，你不认为后者更高明吗？”

老总让她先试用3个月。一个月下来，她业绩显著，被聘用几年后就成为该公司的副总。郑小姐的自我推销术，可以说与侯生有异曲同工之妙。

在市场经济上，一个连自己都推销不出去的人，别人是不会聘你搞推销的。一个各方面素质都比较优秀的人，应该学会推销自己。而如果某方面的素质不是那么优秀，要在茫茫人海中获得青睐，没有一些别出心裁的形式是行不通的。就要大胆地运用逆向思维，扬长避短获得对方的认可。